ESCREVENDO PARA QUADRINHOS

ESCREVENDO PARA QUADRINHOS

A ARTE E O MERCADO DE ROTEIROS PARA HQs E *GRAPHIC NOVELS*

BRIAN MICHAEL BENDIS

Tradução
ÉRICO ASSIS

wmf martinsfontes

Esta obra foi publicada originalmente em inglês com o título
WORDS FOR PICTURES: The Art and Business of Writing Comics
and Graphic Novels.

Publicada por acordo com Watson-Guptill, selo do Crown Publishing Group, uma divisão da Random House LLC.

Copyright © 2014, Jinxworld Inc.
Copyright © 2020, EDITORA WMF MARTINS FONTES LTDA., São Paulo, para a presente edição.

Todos os direitos reservados. Este livro não pode ser reproduzido, no todo ou em parte, armazenado em sistemas eletrônicos recuperáveis nem transmitido por nenhuma forma ou meio eletrônico, mecânico ou outros, sem a prévia autorização por escrito do editor.

1ª edição 2020

Tradução *Érico Assis*
Acompanhamento editorial *Richard Sanches*
Preparação de texto *Rogério Trentini*
Revisões *Laura Vecchioli, Solange Martins e Richard Sanches*
Edição de arte *Katia Harumi Terasaka Aniya*
Produção gráfica *Geraldo Alves*
Projeto gráfico original *Daniel Lagin*
Paginação *Moacir K. Matsusaki*

Desenhistas colaboradores
Michael Allred, David Aja, Filipe Andrade, Chris Bachalo, Mark Bagley, Sal Buscema, Giuseppe Camuncoli, Paul Chadwick, Olivier Coipel, Mike Deodato Jr., Steve Ditko, Steve Epting, David Finch, Francesco Francavilla, Bryan Hitch, Frazer Irving, Klaus Janson, David LaFuente, David Mack, Alex Maleev, David Marquez, Ed McGuinness, Jamie McKelvie, Mike Mignola, Michael Avon Oeming, Sara Pichelli, Joe Quesada, Humberto Ramos, John Romita, John Romita Jr., Stan Sakai, Bill Sienkiewicz, Walter Simonson, Ryan Stegman, Jill Thompson, John Totleben, Skottie Young, Leinil Francis Yu, Patrick Zircher

Desenhos da capa
(em sentido horário a partir do alto)
Sara Pichelli, David Marquez e Michael Avon Oeming
Design **da capa**
Blue Cup Design
Desenho da quarta capa
Alex Maleev
Desenho da orelha
Michael Avon Oeming
Desenhos na página de rosto
(de cima para baixo)
Michael Avon Oeming, Sara Pichelli, Francesco Francavilla
e Mike Deodato Jr.

Dados Internacionais de Catalogação na Publicação (CIP)
(Câmara Brasileira do Livro, SP, Brasil)

Bendis, Brian Michael
    Escrevendo para quadrinhos / Brian Michael Bendis ; tradução Érico Assis. – São Paulo : Editora WMF Martins Fontes, 2020.

Título original: Words for Pictures.
ISBN 978-85-469-0279-8

1. Arte de escrever 2. Bendis, Brian Michael – Roteirista 3. Quadrinhos, tiras, etc. – Autoria I. Título.

20-41780   CDD-741.5

Índices para catálogo sistemático:
1. Quadrinhos : Arte de escrever   741.5

Maria Alice Ferreira – Bibliotecária – CRB-8/7964

Todos os direitos desta edição reservados à
Editora WMF Martins Fontes Ltda.
Rua Prof. Laerte Ramos de Carvalho, 133   01325-030   São Paulo   SP   Brasil
Tel. (11) 3293-8150
e-mail: info@wmfmartinsfontes.com.br   http://www.wmfmartinsfontes.com.br

DEDICATÓRIA

ESTE LIVRO É DEDICADO À MINHA ESPOSA E AOS MEUS FILHOS.

Porque sei exatamente que tipo de pessoa eu era antes de eles começarem a fazer parte da minha vida, e aquela pessoa não teria como fazer nada do que levou este livro a virar realidade.

Obrigado, Alisa. Obrigado por casar comigo. Obrigado pelos nossos filhos tão incríveis. Vamos renovar nossos votos na Lua.

E à minha mãe, cuja voz ainda ouço retumbando na cabeça enquanto escrevo. "Sabia que o Steven Spielberg deu para a mãe dele um cartão de crédito da Macy's sem limite?"

Bom, acho que você já notou que não há NENHUMA chance de isso acontecer, mas você sempre me apoiou no amor pelos quadrinhos e pelas histórias, mesmo que não tivesse certeza de aonde isso ia me levar. Sei que você, mais que qualquer outra pessoa, tem orgulho em saber que tudo na minha vida deu mais ou menos certo. Você criou sozinha a mim e meu irmão e disse que eu poderia fazer o que quisesse da vida, desde que fizesse com inteligência.

Então, fui tão inteligente que me convidaram para escrever um livro sobre o que eu faço. Viu só? Eu ouvi você! Sério, a existência deste livro é a grande prova de que você foi uma mãe sensacional.

SUMÁRIO

PREFÁCIO DE JOE QUESADA ix

INTRODUÇÃO 1

CAPÍTULO 1 11
POR QUÊ?

CAPÍTULO 2 21
O ROTEIRO MODERNO DE HISTÓRIAS EM QUADRINHOS

CAPÍTULO 3 73
ROTEIRIZAR PENSANDO NO DESENHISTA

CAPÍTULO 4 137
A MESA-REDONDA DOS EDITORES

CAPÍTULO 5	163
ROTEIRISTAS: PERGUNTAS FREQUENTES	
CAPÍTULO 6	175
SER ROTEIRISTA DE QUADRINHOS COMO NEGÓCIO	
CAPÍTULO 7	187
EXERCÍCIOS DE ROTEIRO	
CONCLUSÃO	199
AGRADECIMENTOS	203
ÍNDICE REMISSIVO	207

Desenhos de Sara Pichelli

PREFÁCIO

QUANDO ESTAVA TENTANDO ENTRAR NO MUNDO DOS quadrinhos, eu era sedento de conhecimento e caçava qualquer migalha de informação que me ajudasse a chegar mais perto da minha meta. Você vai perceber que essa é uma característica que todos os profissionais que trabalham nesta área têm em comum. O desejo ardente, a garra, querer tanto aquela coisa que até dá para sentir o gosto, blá, blá, blá. Você já ouviu essa história, então não vou desperdiçar seu tempo com aquela lenga-lenga clichê do eu-quis-mais-que-não-sei-quem-e-por-isso-cheguei-lá. Porque o mais lastimável é que você também vai encontrar essas mesmas características em quem nunca chegou lá. Qual é a diferença, o que separa um autor com desejo ardente de outro com desejo igual, se não maior? Será o talento? Claro, até certo nível, sim. Mas eu diria que talento é só parte. Posso lhe mostrar gavetas cheias de roteiros e desenhos sensacionais, das pessoas mais talentosas e brilhantes que há, mas de quem você nunca vai ouvir falar. A resposta vai muito além de talento. Embora talento com certeza ajude a abrir portas, o negócio é saber quando você fracassou. E saber fracassar bem.

Cursei a School of Visual Arts, em Nova York. Como todo curso de Artes, eles tinham aquele currículo padrão de desenho de modelo vivo, pintura, fotografia e assim por diante. Mas o que havia de singular na SVA, e o motivo pelo qual me matriculei lá, era que, para dar aulas, o instrutor tinha de ser profissional com atuação na área de ensino com pelo menos cinco anos de experiência. Embora considerasse muito importante aprender técnica, eu queria que a arte fosse minha carreira. Desculpe, mas nunca vi romantismo nessa ideia de artista da fome. Por isso, eu conside-

PÁGINA DA ESQUERDA
Desenho de Joe Quesada

rava aprender o lado comercial de ser artista tão importante quanto aprender a técnica. Quer jeito melhor de aprender como é a vida de artista no mundo real do que com instrutores que tinham essa experiência diariamente?

No meu último ano, todos os formandos foram obrigados a fazer uma disciplina final de ilustração. A disciplina era pensada unicamente para nos preparar para o lado comercial da ilustração: como montar portfólio, como nos apresentar – em resumo, como lidar devidamente com as nossas carreiras, de forma que tivéssemos alguma chance ao terminar o curso. A disciplina ocorria num pequeno anfiteatro, e o instrutor era o lendário ilustrador Marshall Arisman. Sem exagero: aquela disciplina me ensinou mais em meio semestre do que todos os meus três anos e meio de SVA. Embora as aulas sobre como tratar seu nome como marca, marketing pessoal e colaboração com editores tenham tido uma influência enorme, houve uma aula em particular dada pelo sr. Arisman que nunca vou esquecer.

Um dia, ele começou a aula contando a verdade mais áspera: na média, depois de formados, apenas três ou quatro de nós acabaríamos trabalhando profissionalmente como ilustradores. Nem preciso dizer que aquilo chocou o anfiteatro, que tinha mais de cem alunos. Era compreensível: todo mundo ali achava que tinha talento, todo mundo tinha um desejo ardente e, o mais importante, havíamos acabado de pagar uma fortuna por quatro anos de faculdade. E agora, no fim, ficávamos sabendo que nem meia dúzia ia chegar lá? O sr. Arisman, que ganhou toda a nossa atenção, resolveu salgar a ferida. Não só uma porcentagem minúscula da turma chegaria lá, mas ele também disse que o fato de ser a pessoa mais talentosa da turma tinha pouco ou nada a ver com chegar lá. No caso, eu estava longe de ser a pessoa de mais talento na minha turma de formandos, mas vi que algumas pessoas de enorme talento ficaram bem ressentidas.

Quando a turma finalmente se aquietou, o sr. Arisman começou a contar a história de dois artistas "fictícios", os dois do mesmo grupo de formandos. Um, que chamaremos de Artista A, é brilhante, talentoso e inovador, motivo de inveja da turma, e o outro, o Artista B, embora não lhe falte talento, não tem uma produção que costumava se destacar entre seus colegas. Um dia depois da formatura eles começam a queimar sola de sapato: saem pela cidade a apresentar os portfólios. Como esperado, levam negativas nas primeiras visitas, nas segundas e também nas terceiras. Vai acontecer, acontece com todo mundo, a probabilidade sempre joga contra. Como eles acabaram de virar mão de obra *free-lancer*, eles são os recém-chegados, os novatos, os sem-experiência, os que ninguém conhece. Não interessa se eles têm um portfólio sensacional ou não, eles vão competir por um número limitado de vagas com profissionais que trabalham nesse mercado há muito tempo. Mais apresentações do portfólio levam a mais negativas, e aos poucos vai tornando-se evidente que o Artista A perdeu o ânimo e começou a duvidar do talento que tem. Mas o pior é que ele não está fazendo as perguntas que deveria: "O que vou aprender com isso? Como faço para ser melhor?"

O Artista B, por outro lado, não deixa que as negativas o derrotem. É óbvio que é dolorido, mas o processo é esse, e ele não vai desistir. Na quinquagésima negativa, o Artista A resolve que já chega. Ele não nasceu para isso. As negativas doem demais, ele leva para o lado pessoal. Então, de uma hora para outra, ele sai do mercado e vai trabalhar com outra coisa. Ele não tem a motivação que vem de dentro, a capacidade de fazer limonada com os limões disponíveis. Na sexagésima negativa, o Artista B ainda não tem nenhum serviço encomendado, mas ao longo de tudo aprendeu muito sobre o mercado, conheceu muita gente e viu cada negativa não como afronta pessoal, mas como experiência de aprendizagem. Não quer dizer que as negativas não o façam ficar mal, mas agora ele sabe como deixar aquilo de lado, ele não permite que aquilo defina quem ele é. Setenta, oitenta, noventa negativas e o Artista B segue em frente. Então, um dia, na centésima tentativa, dá certo. Pode ser um golpe de sorte, pode ser um contato antigo que de repente se tornou útil, talvez seu trabalho tenha melhorado exponencialmente. Seja como for, deu certo, e o Artista B consegue um serviço. E esse serviço gera outros, e assim por diante. O Artista B virou um profissional. Levou as bordoadas, aguentou firme e com isso virou um artista melhor.

Ele aprendeu a fracassar. Essa é a chave do sucesso.

Como disse, eu estava longe de ser a pessoa de mais talento na minha turma, por isso essa história, além de ter me marcado, me fez pensar muito, profundamente, não só sobre como eu ia lidar com os fracassos por vir na minha vida, mas também como eu faria para evitar os fracassos mais óbvios. Com isso em mente, adotei a prática de buscar exemplos de vida, de fazer o máximo de perguntas possível a quem era profissional atuante no mercado de quadrinhos. Depois de algum tempo, tive a sorte de conhecer muitos artistas de sucesso e, embora eu sempre quisesse saber qual era a perspectiva deles do ofício, também queria saber quais eram os fracassos dessas pessoas – as armadilhas, os erros, as minas terrestres em que elas pisaram enquanto davam duro para chegar aonde queriam. Eram essas histórias que mais me chamavam a atenção, as que me permitiam chegar ao meu destino um pouquinho mais rápido, pois eu conseguia evitar alguns dos erros que outros cometeram antes de mim. Não quero dizer que não cometi os meus, mas pude evitar muitos dos mais óbvios.

Minha filha adora patinação artística. Uma coisa que todas as patinadoras têm em comum, independentemente do nível de proficiência, é que elas caem. Elas caem muito. Depois de algum tempo de experiência, o que a maioria das patinadoras aprende é que, como cair é inevitável, existe o jeito certo de cair – física e mentalmente. Embora não seja possível se livrar das pancadas e dos roxões, e vez por outra do orgulho ferido, existe um jeito de cair que, na maioria das vezes, não vai deixar você se machucar sério e também vai fazer com que se levante e sacuda a poeira – um jeito que fará você ser uma patinadora melhor. Saber fazer isso tem a ver com aceitar: aceitar que cair é inevitável, que é necessário e, o mais importante, que no fim das contas é algo bom.

Se você não caiu, é porque não se esforçou.

Este livro trata de cair, e também de fracassar. Qualquer livro bom que sugira um mapa do sucesso, na área que for, acaba tratando do fracasso. Isso é verdade especialmente se a pessoa que lhe apresenta o mapa teve uma nesga de sucesso. Existe uma máxima antiga que diz que a pessoa de maior sucesso que você conhece fracassou mais que todas as outras que você conhece, e acredito nisso com todas as minhas forças. Converse sobre os maiores triunfos da vida com gente que teve sucesso de verdade e você vai notar que existe um padrão: quase todos os triunfos vieram depois de grandes fracassos, fracassos que levaram essas pessoas a buscar soluções. Este livro e as lições que ele dá vêm de um dos autores de maior sucesso na história da nossa mídia, e conta com a colaboração de uma lista de autores lendários igualmente carregados de sucessos. Essas lições nasceram de tentativa e erro, de fracassos, e da capacidade que eles tiveram de aprender com os erros. Esses autores e autoras, todos brilhantes, deram com a bunda no chão mais vezes do que vão lembrar, e oferecem o que aprenderam com esses fracassos para que você, no desenvolvimento da sua carreira, tenha como evitar alguns. Mas é bom prestar muita atenção, porque não vai ser fácil. Você pode ralar muito e ficar pensando por que seus resultados não são como os exemplos deste livro. Ainda não. Mas tudo bem. Tudo bem cair, aceitar, aprender com a queda. Lembre sempre que…

Se você não caiu, é porque não se esforçou.

JOE QUESADA

Joe Quesada é quadrinista premiado, diretor de criação da Marvel Entertainment e passou mais de dez anos no cargo de editor-chefe da Marvel Comics.

INTRODUÇÃO

AOS SEIS ANOS DE IDADE, PAREI EM FRENTE À MINHA FAMÍLIA e me anunciei roteirista e desenhista do Homem-Aranha. Eu não tinha a menor ideia do que isso queria dizer. Não tinha a menor ideia do que eu estava falando. Mas anunciei. Pode falar o que quiser sobre mim, mas não que eu arredo pé.

Desde o instante em que descobri que os gibis existiam, eu quis ser um dos nomes naquelas caixinhas em que aparecem os créditos neles. Toda vez que eu lia alguma coisa que adorava, eu voltava à primeira página e memorizava os nomes dos responsáveis por aquele negócio tão sensacional. Eu sabia que queria ser profissional dos quadrinhos, mas não tinha ideia do caminho do meu quarto em Cleveland até aquelas caixinhas dos créditos nos gibis.

Assim que comecei a receber mesada, passei a gastar cada centavo tentando alcançar esse sonho. Sim, colecionar gibis fazia parte, mas achar respostas também. Como se fazem os gibis? E como se faz para que eles sejam sensacionais?

Comprei toda e qualquer publicação que trouxesse entrevistas com autores. Naqueles tempos pré-internet, era uma joia rara achar uma entrevista de substância, longa, com George Pérez ou Frank Miller. As revistas *Comics Scene*, *Comic Buyer's Guide* e *Amazing Heroes* foram meu ensino fundamental.

Meu exemplar de *Como desenhar quadrinhos no estilo Marvel*, de Stan Lee e John Buscema, que ainda tenho, parecia um livro que tinha sobrevivido a duas ou três guerras mundiais. Cada página tinha sido inspecionada, perscrutada, rabiscada e comentada.

PÁGINA DA ESQUERDA
Desenho de David LaFuente

Conforme fui ficando mais velho, a busca se tornou mais veemente e mais variada. Cada convenção era uma oportunidade de conhecer autores e fazer perguntas diretamente – mesmo que fosse um autor cujo trabalho eu não conhecia.

A lembrança mais afetuosa que tenho das minhas primeiras convenções é de, aos doze anos, ir a um evento no centro de Cleveland, onde a lenda dos quadrinhos Gil Kane daria uma palestra: "Como desenhar HQ". Meu pai me inscreveu, mesmo que não tivesse a menor ideia de quem fosse Gil Kane. Eu também, por ser muito jovem, não conhecia seu trabalho. Sabia que ele era roteirista/desenhista de *Eléktron* e que tinha alguma coisa com *Lanterna Verde*, mas só depois fui saber que ele era uma legítima lenda dos gibis. Sabe o Eléktron e o Lanterna Verde? Ele CRIOU as versões modernas dos dois personagens. Ele teve parte em algumas das histórias mais importantes do Homem-Aranha de todos os tempos. Ele publicou algumas das primeiras *graphic novels* modernas e está no Hall da Fama do Prêmio Eisner. Ainda levaria alguns anos para eu ficar pasmo ao me dar conta de que aprendi anatomia com Gil Kane. É como se Sidney Lumet tivesse me ensinado a operar uma câmera. Lembro-me da aula como se fosse anteontem. Eu estava louco para saber mais. Eu ainda era muito cru. Não sabia nem o que era desenho gestual. Aprendi com Gil Kane.

A primeira edição de *Ronin*, de Frank Miller, fazia o maior alarde na época. Era uma sensação. Alguém na aula perguntou a Gil Kane o que ele achava da HQ. Nesse momento, começou a sair fumaça das orelhas dele, literalmente. Kane foi até o cavalete e começou, em fúria, a desenhar um cavalo, o tempo todo resmungando pra gente que "É ASSIM que é um CAVALO". Naquela idade, eu achava que Frank Miller era Deus. E até aquele instante eu não tinha visto um homem feito ter inveja e raiva do sucesso de outro.

ABAIXO E PÁGINA DA DIREITA
Desenhos de John Totleben

Tudo era novidade para mim. Fiquei desnorteado. Eu parecia a Lorraine Bracco no início de *Os bons companheiros*: mal podia ESPERAR para ser quadrinista profissional.

No ano seguinte aconteceu um evento de HQ menor, não muito longe da minha casa, do qual um dos convidados era o jovem John Totleben. John havia acabado de entrar na revista *Monstro do Pântano* com Alan Moore, uma fase da série que logo viria a ser lendária. E ele estava lá, fazendo desenhos e vendendo originais. Quase ninguém foi ao evento, então consegui um longo *tête-à-tête* com ele. Fiquei remexendo seus desenhos, atordoado de ver como davam medo. Eu era embalado por artistas como John Byrne, Walt Simonson e George Pérez, de forma que o trabalho de John Totleben, na época, era uma coisa muito além da minha compreensão. Devem ter sido os primeiros originais que eu vi em pessoa. Era a primeira vez que eu tocava no nanquim que alguém tinha posto no papel. Dali a poucos anos, aquelas páginas estariam entre os meus gibis preferidos da vida. Mas a primeira impressão foi demais para mim.

Fiz a John toda pergunta imbecil que um adolescente faria a um quadrinista, e ele não tinha como ser mais gentil nas respostas. Ele me mostrou a diferença entre o trabalho impresso e os originais, e fiquei estupefato de ver como eram diferentes.

Mesmo que você nunca tenha visto o trabalho de John pessoalmente, não creio que seja difícil imaginar que, com todo o pixelamento, todo o

Desenho de Walter Simonson

pontilhismo, com aquele nanquim pesado, a sensação tátil da prancha é mais próxima da de tocar numa pintura do que da de tocar num original convencional de HQ. É o tipo de desenho em que você toca e sente que aquilo foi suado. Não é só uma coisa desenhada, é trabalho duro.

O que ficou evidente para mim naquele momento é que havia texturas tão finas na prancha que, quando eram impressas no papel-jornal, padrão de todos os gibis na época, viravam um borrão. Levaria anos para o padrão gráfico da indústria chegar ao ponto em que todos poderiam ver o trabalho suado.

Perguntei por que ele se dava o trabalho de fazer tanto se ninguém ia ver. Ele deu de ombros e disse: "Me deixa feliz." ESSE foi o aprendizado-do-dia-que-mudou-minha-vida número um.

Meu pai comentou alguma coisa relacionada ao silêncio naquele evento. John falou que havia uma convenção muito maior acontecendo do outro lado da rua, e que Walt Simonson era o convidado.

Meu queixo caiu no chão. "Walt Simonson?! O Walt Simonson que faz *Thor*?! O Walt Simonson que fez *X-Men versus Novos Titãs*?! Ele tá aqui?! Em Cleveland?!"

Peguei meus desenhos e dei um berro: "Walt Simonson?! Vamos embora daqui!" E saí correndo.

Ao longo da minha carreira, principalmente durante meus primeiros anos como quadrinista independente, passei muitas horas atrás de mesas em *Artists' Alleys*[1] onde alguém dizia ou fazia alguma coisa que, mesmo sem propósito, doía. Quando acontece, sempre sorrio comigo mesmo porque sei exatamente o que fiz com o jovem John Totleben naquele dia. Cheguei a um ponto na vida em que pude não só pedir imensas desculpas a John, mas também pude trabalhar com ele. Só para registro, ele não se lembrava do ocorrido. Eu lembraria.

Mas esse não foi o aprendizado-do-dia-que-mudou-minha-vida número dois...

O aprendizado-do-dia-que-mudou-minha-vida número dois aconteceu quando atravessei a rua, entrei no outro evento e corri direto para Walt Simonson. Fui até a mesa dele, sem fôlego – com certeza furei a fila de gente que aguardava a vez –, e de cara quis saber de Walt as respostas para todas as perguntas da vida. Carregando um monte de desenhos bem rudimentares, implorei que ele me mostrasse a luz.

Em vez de chamar os seguranças, ele gentilmente me puxou para trás de sua mesa, conferiu todas as minhas páginas e tinha até uma resposta séria para a pergunta mais imbecil que eu já tinha feito a outro ser humano: como você sabe o que desenhar primeiro – a perspectiva ou a anatomia?

---

1. Espaços de interação entre leitores e quadrinistas, em convenções e feiras de quadrinhos, em que geralmente são vendidos reproduções de desenhos, *sketchbooks*, artes originais etc. (N. do E.)

Pense nessa pergunta só por um minuto. Ela é muito, muito, muito imbecil.

Seja lá o que mais Walt Simonson tenha me dito naquele dia, ele me fez sentir um menino de ouro. Saí de lá pronto para ser quadrinista profissional. Nada ia me deter. Eu tinha o poder.

Ao longo dos anos seguintes, toda vez que eu achava ter algo de válido a mostrar, eu enviava para Walt Simonson. Eu enviava para muita gente, via correio, mas Walt Simonson sempre respondia – sempre com incentivo, sempre com alguma orientação.

Assim passei os vários anos seguintes trabalhando no meu desenho (que incluiu desenhar minha versão da adaptação que a Marvel lançou de *Caçadores da arca perdida*, porque achei que a deles era uma porcaria; escrever e desenhar uma *graphic novel* "Capitão América versus Justiceiro" várias vezes, seis no total; usar a adaptação para livro da história *Vingadores: Ultron* como roteiro para o que eu achava que seria a melhor *graphic novel* dos Vingadores já produzida; e meu irmão e eu convencermos o professor de artes do colégio a deixar que usássemos o mimeógrafo para

Meus quadrinhos *bem* no início de carreira

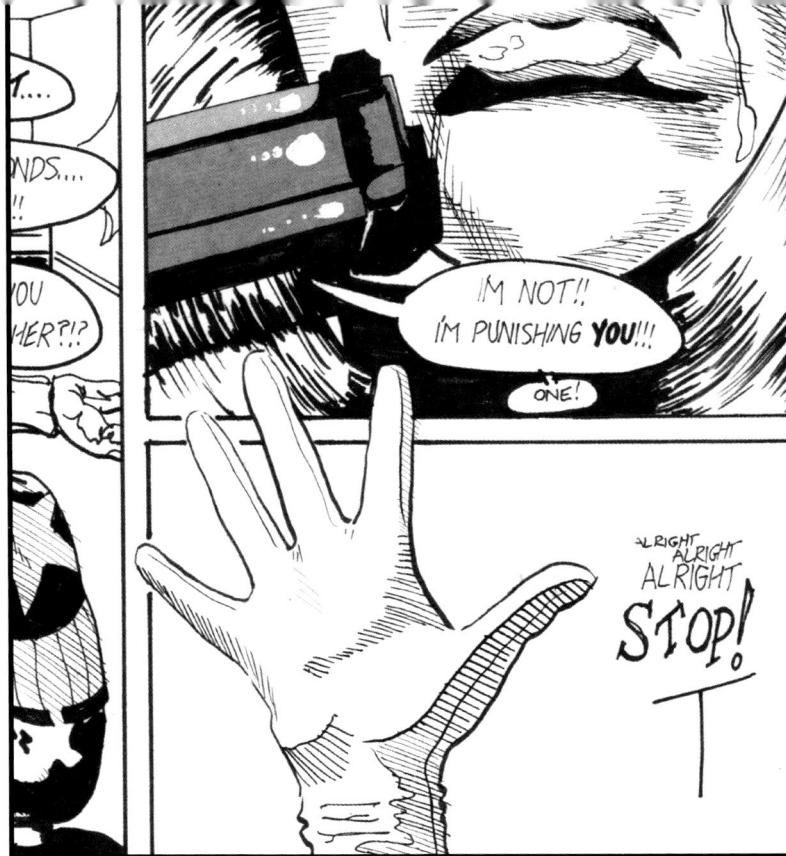

Mais exemplos dos meus quadrinhos de criança

rodar cópias da nossa primeira *graphic novel* original, *O Poderoso Paquiderme*, mas nos encrencarmos assim que o colégio descobriu que estávamos tendo lucro com a venda). Falei a mim mesmo que, se um dia eu fosse quadrinista profissional, faria todo o possível para dividir o que eu aprendesse com qualquer pessoa que viesse me perguntar sobre o assunto. Quando enfim me tornei um, fiquei pensando: "O que quer que você faça, aonde quer que você chegue… seja um Walt Simonson."

Em um mesmo dia, tive dois aprendizados que mudaram minha vida: trabalhe no que deixa você feliz e seja um Walt Simonson.

Ao mesmo tempo, minha frustração era de dar nos nervos. Era difícil encontrar informações. Eu me sentia um arqueólogo. Levaria anos para Scott McCloud organizar *Desvendando os quadrinhos*. Achar o *Quadrinhos e arte sequencial*, de Will Eisner, não era fácil. Mesmo quando cheguei a esses livros, fiquei querendo mais. Eu fazia aulas de desenho vivo depois do colégio na faculdade comunitária, mas ninguém dava aulas sobre quadrinhos.

Tudo que eu tinha eram lembranças de um Gil Kane irritado e números antigos da *Comics Scene*.

Sem perceber nem anunciar a ninguém, eu havia determinado a jornada da minha vida em busca de informação. Dia após dia, mês após mês, ano após ano, fosse numa titiquinha na página editorial de qualquer gibi da Marvel ou numa retrospectiva da carreira do George Pérez pela FantaCo, eu aprendia alguma coisa.

Chegando ao Cleveland Institute of Art (não me pergunte como), achei uma faculdade de Artes Plásticas bem renomada que não estava nem aí para os muros que Dave McKean ou Bill Sienkiewicz vinham derrubando no mundo dos quadrinhos. Cheguei até a invadir a sala de aula com a última edição da revista *Print*, um número inteiro dedicado aos quadrinhos, que destacava que o que havia de mais importante em ilustração e *design* gráfico naquele ano estava acontecendo nos quadrinhos.

Eles nem deram bola.

Fiquei muito frustrado. Eu queria ter aulas de nível universitário sobre quadrinhos. Queria ter aulas de teoria, de história, oficinas práticas sobre cada aspecto do mercado, da arte, da indústria.

Ninguém deu bola.

Mas fizeram a gentileza – ou fui insistente o bastante – de me deixar fazer um programa de estudo independente no qual eu podia produzir meus quadrinhos e aprender o que queria. Por conta própria.

O que foi bom, porque o único jeito que eu tive de aprender o meu ofício foi fazendo gibis.

E gibis eu fiz.

Muitos e muitos gibis.

Com o passar dos anos, virei figurinha fácil na cena do quadrinho independente dos anos 1990. A cada gibi vinham mais uma colaboração e mais contato cerebral com meus colegas e meus heróis.

Eu aprendia e estudava todo dia. Cada erro que eu cometia era a chance de fazer do jeito certo na vez seguinte. Todo erro que eu via alguém fazer era para lembrar como uma carreira nas artes criativas é frágil.

Eu acabaria chegando à Marvel Comics e seria o roteirista do Homem-Aranha (na série *Homem-Aranha Ultimate*). Quando cheguei ao palco do Prêmio Eisner e apertei a mão de Will Eisner em pessoa, enquanto ele me dava um troféu com o nome dele, eu só conseguia pensar no seguinte: "Estou ganhando esse troféu muito cedo. Ainda estou aprendendo!"

Muitos anos depois, assim que me mudei para Portland, alguém que eu admirava muito, Diana Schutz, editora-executiva da Dark Horse, me perguntou se eu poderia dar uma aula como convidado na disciplina que ela ministrava na universidade, sobre *graphic novels*. "AGORA tem aula sobre *graphic novel*?!" Ela vinha lecionando havia algum tempo e aproveitando a comunidade quadrinística, em crescimento, de Portland como recurso fantástico para mostrar aos estudantes uma gama de opções em uma variedade de temas.

Conversar com a turma dela ao longo dos anos seguintes sempre foi uma experiência proveitosa e excepcionalmente recompensadora. Anos depois, quando a Portland State University pediu a ela para lançar uma disciplina ou um programa sobre *graphic novels*, ela lhes disse para virem falar comigo. Ela sabia que eu tinha obrigações demais, incluindo filhos pequenos e carreira, mas insistiu para que me convencessem a aceitar. Não precisaram de muito esforço. Percebi que todo mundo que eu admirava na vida, fosse no passado ou no presente, em um momento ou outro havia sido professor. Incluindo Walt Simonson.

Então, embora eu nunca tenha conseguido cursar a disciplina universitária sobre *graphic novels* com que eu sempre sonhei, consegui criá-la do zero e compartilhá-la com outros.

Nos últimos anos, venho dando aulas de *graphic novel* na Portland State University, e agora também na University of Oregon, a qual, graças ao professor Ben Saunders, tem a primeira formação universitária em quadrinhos nos Estados Unidos. E, assim como Diana havia feito antes de mim, chamei amigos e colegas de mercado para mostrar a meus alunos toda as opções que eles têm diante de si.

O que mais me dá orgulho é que a disciplina, e agora este livro, não são aulas de "Como escrever como Brian Michael Bendis". Não quero que você escreva como eu. Quero que *eu* escreva como eu. Se outras pessoas começarem a escrever como eu, o valor do que escrevo vai cair no mercado. Atualmente, quem quer um gibi que pareça ter sido escrito por mim geralmente vem falar primeiro *comigo*.

Não quero que você escreva como eu. Quero que você escreva como *você*.

Quero oferecer uma coisa que tenho como verdade: não existe jeito certo ou errado de produzir quadrinhos. Existem só, como diz Robert McKee, "coisas que dão certo". O que há de mais fascinante nessa arte singular é que o que funciona para mim talvez não funcione para você, e que o que funciona para meus grandes amigos Ed Brubaker e Matt Fraction talvez não funcione para mim.

Aprendi essa lição. O resultado é este livro.

O que ofereço aqui é uma visão "feijão com arroz" da criação dos quadrinhos contemporâneos. Ao mesmo tempo, ofereço um vislumbre das mentes de muitos dos meus colaboradores e colegas. É a eles que recorro quando quero me inspirar.

Além disso, você vai notar que incluí um capítulo sobre o mercado editorial de quadrinhos e *graphic novels*. Uma das coisas em que até os roteiristas de maior sucesso se dão mal é em cuidar de seus negócios. Seus negócios são tão importantes quanto sua arte. Todo dia se vê uma manchete sobre os resultados das decisões ruins que um autor tomou ou sobre como uma editora foi malvada com ele. Arte e negócios são igualmente importantes e estão sempre interligados. Você se acha artista? Vê se cresce. Você tem um negócio.

Ao comprar este livro, você me mostra que, assim como eu, está ávido por informação. Ao criar este livro, tive a chance singular de simultaneamente ver concretizadas as lições de vida mais importantes que já tive: ele me deixou muito feliz e me permitiu ser um Walt Simonson.

BRIAN MICHAEL BENDIS

Desenho de Walter Simonson

CAPÍTULO 1

POR QUÊ?

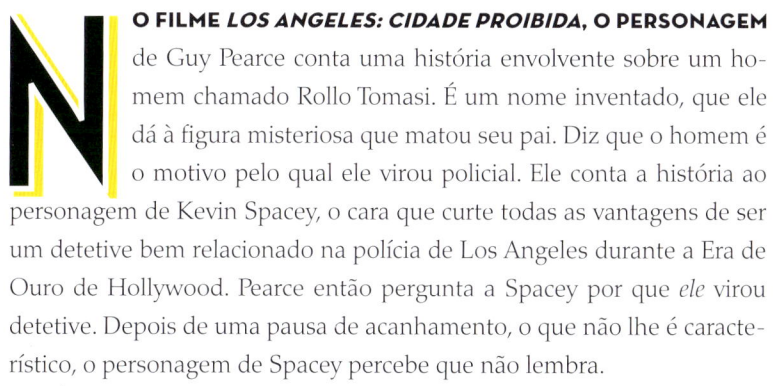

No filme *Los Angeles: Cidade Proibida*, o personagem de Guy Pearce conta uma história envolvente sobre um homem chamado Rollo Tomasi. É um nome inventado, que ele dá à figura misteriosa que matou seu pai. Diz que o homem é o motivo pelo qual ele virou policial. Ele conta a história ao personagem de Kevin Spacey, o cara que curte todas as vantagens de ser um detetive bem relacionado na polícia de Los Angeles durante a Era de Ouro de Hollywood. Pearce então pergunta a Spacey por que *ele* virou detetive. Depois de uma pausa de acanhamento, o que não lhe é característico, o personagem de Spacey percebe que não lembra.

É assim que me sinto com relação a alguns roteiristas. Sinto que eles não lembram por que quiseram escrever. Às vezes, nas convenções de quadrinhos, ouço alguns colegas falarem de um projeto ou de outro, desse contrato ou daquele, mas dá para ver que eles não sabem *por que* estão envolvidos naquele projeto.

Por isso eu lhe pergunto: por quê? Por que você quer ser roteirista? Porque você quer fama e fortuna?! Quem é que não quer fama e fortuna?

E já vou detê-lo por aqui.

Claro que somos todos humanos e é da natureza da maioria querer ser amado. Também é da natureza de muitos querer acumular um monte de coisas. Contudo, vou dizer já de saída que a indústria de quadrinhos não é o lugar onde você vai encontrar esse tipo de coisa.

Se você é um dos poucos de sorte – e entre os bilhões e bilhões de pessoas deste planeta são pouquíssimos os que vão conseguir fama e for-

PÁGINA DA ESQUERDA
Desenho de Sara Pichelli

tuna literária –, então ótimo. Meus parabéns. Você criou Harry Potter. Não há como eu ficar mais feliz por você.

Agora vamos voltar à realidade. Vá até a livraria e se aproxime dos livros de Harry Potter. Dê dois passos para a esquerda e observe *em torno* dos livros de Harry Potter. Você vai ver autores que têm ideias e personagens que talvez sejam até melhores que Harry Potter... e também podem ser piores que Harry Potter, mas *não são* Harry Potter. Seja lá o que fez Harry Potter ser *Harry Potter*, só funcionou com Harry Potter. Sim, é possível que exista algo de muito especial nos outros livros. Alguns dos autores têm muito orgulho de si, e devem ter mesmo, pois são bons escritores que põem no mundo uma coisa que até então não existia. E esses mesmíssimos autores ainda têm o seu emprego normal e não fazem a menor ideia do que aconteceu!

E esses são os autores que já foram *publicados*!

Para todo livro que você vê publicado nas bancas, nas prateleiras e nos dispositivos digitais, seja uma revista em quadrinhos, uma *graphic novel* ou mesmo um livro, não creio ser surpresa para ninguém que existam centenas, se não milhares, de manuscritos salvos em *laptops* mundo afora que o grande público nunca vai ver.

Alguns desses manuscritos são muito bons e outros são muito ruins.

O que quero dizer é: dinheiro, dinheiro de verdade, não é um fator que entra na equação de 99% das pessoas que escrevem. Então tire isso da cabeça. Você não vai escrever para ganhar dinheiro.

De minha parte, passei metade da minha carreira sem ganhar um centavo e a segunda metade dando graças por poder sustentar minha família. Posso dizer em primeira mão que dinheiro não tem nada a ver com o que faço. Com ou sem dinheiro, vou continuar escrevendo. Sei disso porque escrevi sem receber nada durante mais de uma década.

Então você *não* vai escrever por dinheiro e não vai escrever pela fama (pois você pode contar em uma das mãos quem são os autores famosos da nossa era). Lembre-se de que, só porque você é fã de um autor, não quer dizer que o autor é famoso. Peça a alguém no seu emprego ou na sua família para dar o nome de três autores modernos que tenham livros publicados. Nove em dez respostas vão ser: "Hã, o Stephen King e, hã, *aquela moça* que escreveu o negócio *dos* Crepúsculo... e, hã, a Chelsea Handler conta?" Aliás, pergunte a alguém no seu emprego quem escreveu os livros de Harry Potter, e, mesmo que a pessoa saiba o nome, conte quanto tempo ela leva para conseguir tirá-lo da cartola.

Tenho um amigo que trabalha numa livraria muito legal, e ele me disse que queria ganhar uma moedinha cada vez que alguém entrasse perguntando: "Tem livro novo da 'moça do Crepúsculo'?"

E quanto a autores de quadrinhos? Nem isso!

Desenho de Filipe Andrade

Minha querida amiga Kelly Sue DeConnick (*Capitã Marvel, Pretty Deadly*) cunhou o termo *famoso de quadrinho*. Isso quer dizer que autores como eu e meus colegas só somos famosos numa loja de quadrinhos ou numa convenção de quadrinhos. Fora desses lugares… nada! (E por mim está mais do que bom, aliás.) Pergunte a qualquer pessoa nos quadrinhos se os pais dela entendem exatamente o que ela faz.

Ou seja, fama não se tem. Nem dinheiro.

Então você vai escrever por quê? Por que você quer ser roteirista?

O GRANDE MOTIVO

Vamos falar em termos bem simples… Você escreve porque precisa.

Você escreve porque ouve vozes na sua cabeça. Não daquele tipo de voz que dá medo, mas as vozes, imagens, cenas que contam uma história que você se sente impelido a lançar para o mundo. Você escreve porque foi à livraria ou à loja de quadrinhos e queria uma coisa que não encontrou lá. Você escreve porque é uma pessoa que tem uma grande dificuldade de se expressar se não for escrevendo. Você escreve porque se não botar no papel o que sente, o que pensa, o que o toca, tudo que borbulha dentro de si, é provável que você exploda. É quando você escreve, só quando você escreve, que você se sente um ser humano normal. É escrever que faz você sentir que terá um dia normal… até aquela sensação de borbulhas começar de novo. Você escreve porque o ato físico de escrever o deixa feliz. Você é uma pessoa melhor quando volta a seus amigos e família depois de passar esse tempo de sossego apenas consigo mesmo. Você precisa desse tempo para se entender e para entender seu lugar no mundo, pondo tudo isso no papel.

Talvez você esteja lendo isso agora e pensando: "Tudo soa muito bom, mas, quer saber?, eu gostaria muito se um monte de gente lesse o que escrevo e gostasse. Gostaria mesmo. Talvez eu não queira fama e fortuna, mas eu gostaria de sucesso."

Existe uma declaração de Peter Gabriel que sempre levo comigo: "O sucesso é uma amante inconstante. Se você for atrás, ela vai ignorá-lo. Se você deixá-la em paz e tocar a vida, ela vem atrás."

Nunca ouvi verdade maior.

Isso é tudo. Você só tem de escrever o que gostaria de ler. Escreva fielmente. Escreva honestamente. Isso em si já é sucesso.

No negócio dos quadrinhos e das *graphic novels*, no qual existe potencial para se criar franquias milionárias, todo mundo espera, torce, tenta criar uma franquia dessas. Mas não se pode *só* fazer isso. Não existe como fabricar sucesso. Você não pode dar o que as pessoas querem, porque as pessoas não sabem o que querem. Quanto mais gente você tenta deixar feliz, mais difícil é fazer todas ficarem felizes. Aliás, é impossível.

Se tenta fazer tudo para todos, você acaba sendo nada para ninguém. Se escreve uma coisa que acha que as pessoas querem, só para ser quem dá o que os outros querem, você sempre vai se dar mal. Digamos que neste ano todo mundo queira azul – azul é o que há. Aí você se senta e escreve uma coisa azul. Ora, quando você conseguir mostrar o seu azul para todo mundo, todo mundo vai ter passado para cor-de-rosa e não vai mais querer azul. Então você vai estar lá, carregando aquela coisa azul que ninguém quer. Nem você.

Você sabe que de vez em quando sai a notícia de uma novíssima criação, de um autor muito conhecido, que anuncia o projeto e afirma que ele vai estrear em várias plataformas. Que vai ser um gibi e um filme e um videogame e vai ser tudo ao mesmo tempo. Percebeu como essas coisas são anunciadas e de repente somem da vista? É porque você não pode anunciar que uma coisa vai ser sucesso. Ela tem de achar seu caminho. Principalmente na cultura de hoje, com tudo tão fragmentado. Seu público, seus leitores vão decidir o que querem e quando querem. Claro que você pode sair falando. Você pode fazer seu marketing como ninguém. Veja só a indústria do cinema! Toda semana eles saem vendendo filmes. Vender, vender, vender. E, sim, há filmes muito ruins que têm uma estreia muito boa. Mas aí a realidade bate. O público decide o que quer. O produto tem de estar lá. A nata vem à tona. Às vezes leva anos, mas vem.

O melhor conselho que posso dar é: escreva honestamente. Quer dar aos outros o que os outros querem? Eles querem a sua honestidade. Eles querem o seu melhor. Querem ficar comovidos. Querem ficar surpresos, encantados. Querem saber que a pessoa que escreve tem algo de verdadeiro e interessante a dizer.

Sim, mesmo que seja sobre ninjas, mesmo que seja sobre bichinhos de estimação dos super-heróis, mesmo que seja sobre bebês geniozinhos... o que eles querem é sua voz com honestidade. Querem saber que você tem uma perspectiva.

O que você pode dar de melhor ao mundo, sendo alguém que escreve, é algo que você gostaria de ler – algo que você compraria. Não se preocupe com o tamanho do público. Preocupe-se com você. Do que você gostaria? O que desafia você? O que o deixa feliz? Sei que alguns de vocês estão lendo isso e pensando: "Ah, não sei, você não é o Brian Bendis, um quadrinista superconhecido? Você não escreve o que os outros gostam?" Admito que... sim. É verdade. Escrevo. E já escrevi. E eu costumava dizer a mim mesmo que não sabia como aquilo tinha acontecido. Mas, conforme fui ficando mais velho, percebi que meio que, sim, sei por que alguns dos meus trabalhos fizeram sucesso. Mas eu me aferro às regras que acabei de lhe contar... eu escrevo com honestidade. Essa é mais ou menos, por assim dizer, minha religião.

Escrevo o que eu gostaria de comprar. Quando tenho uma ideia para um novo projeto, me pergunto: "Eu gostaria de comprar essa história?" Porque, se eu não gostaria, então eu seria meio canalha ao querer que você a comprasse. Quando meus editores e eu vamos decidir quem será o artista de um projeto novo, eu me pergunto: "Eu compraria um gibi desenhado assim?" Olho bastante, demoradamente, para o pacote: do que se trata, com o que parece, qual é o formato. Então me pergunto mesmo: "Eu compraria isso?" Por acaso, eu gosto de uma variedade de coisas bem grande. Gosto de tudo, desde o gibi xerocado mais rabiscado e independente que houver até os gibis de super-heróis mais bombásticos. Gosto de muita coisa, então me permito muita amplitude.

Desenho de David Mack

Mas há coisas que eu não compraria de jeito nenhum, e faço muito, muito esforço para não fazer esse tipo de coisa. Mesmo depois que decido fazer uma coisa ou me comprometo a fazê-la, ainda fico procurando no meu escritório coisas que comprei com meu próprio dinheiro e aí olho o que estou fazendo. Na minha cabeça, tiro meu nome de qualquer novo projeto e me pergunto: "Se meu nome não estivesse nisto, eu compraria?" Se a resposta é não, você nunca vai ver o que fiz. Deixo o trabalho de lado até o dia mágico em que me dou conta do que estava fazendo de errado. Se a resposta for sim, escrevo com todo o meu coraçãozinho, e, quando o gibi fica pronto, eu corro para a internet e começo a tocar os tambores da divulgação porque gostaria muito que todo mundo se sentisse como me senti quando estava trabalhando naquilo.

QUAL É A SENSAÇÃO

Vamos falar disso só por um segundo: qual é a sensação de ser roteirista?

No início de cada semestre da disciplina que leciono na universidade, peço a meus alunos para trazerem o gibi ou *graphic novel* de que mais gostam e o de que menos gostam. Digo para eles ficarem na frente da turma e explicarem a todos o que há nessas obras que os deixou tão felizes ou comovidos e, inversamente, a dizer por que o outro gibi os deixou frustrados ou desgostosos.

O interessante é que não há um semestre em que um aluno não traga uma determinada *graphic novel* como predileta que outro aluno não a tenha trazido exatamente como a de que menos gosta. O que mais uma vez ilustra o que eu disse: *você nunca vai deixar todo mundo feliz, então nem tente*. É muito frequente que um de meus alunos traga duas *graphic novels*, uma que odeia e uma que ama, e as duas sejam do mesmo autor. Acho isso muito interessante. Para muitos leitores, o autor que os deixou mais felizes é o mesmo que mais os deixou frustrados.

O motivo pelo qual faço isso é que assim os alunos se conhecem um pouco melhor, ao mesmo tempo que dou uma espiadinha nas mentes dos roteiristas do futuro. O mais importante é que os alunos podem perceber que a sensação de euforia ou desgosto é mil vezes maior se você for o autor. O que o leitor sente não se compara em *nada* com a alegria e a dor que um autor sente depois de botar seu trabalho no mundo. Se você atinge em cheio, se você escreve honestamente, se você escreve bem, se a sua ideia é única, se sua perspectiva é singular, se tudo combina, funciona, fecha… é a melhor sensação que existe no planeta. Por outro lado, e acho que você sabe aonde vou chegar, se você não investe tudo que você tem num projeto, se você não sabe por que está escrevendo, se você faz só para ser pago, se quer que gostem de você, se tudo sai dos trilhos e você cria um bela porcaria que não diz nada a ninguém, *essa* sensação também

ACIMA E PÁGINA DA DIREITA
Desenhos de Klaus Janson

não vai passar. *Nunca*. Ela vai assombrá-lo como se você tivesse cometido um homicídio. Toda vez que você botar a cabeça no travesseiro, pouco antes de entrar na terra dos sonhos, vai sentir uma pontinha de arrependimento apunhalando seu coração.

Faça para você. E só você. Então, se por alguma reviravolta miraculosa OUTRA pessoa também quiser comprar aquilo, ótimo. Depois disso é tudo alegria.

Então, agora que já resolvi o porquê, é hora de descobrir o como.

CAPÍTULO 2

O ROTEIRO MODERNO DE HISTÓRIAS EM QUADRINHOS

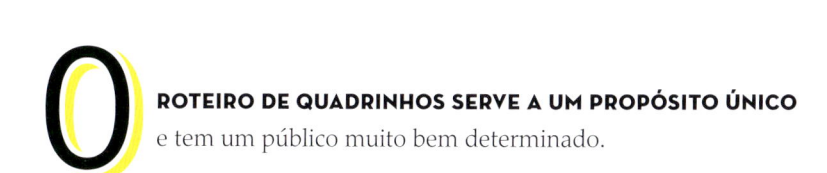

O ROTEIRO DE QUADRINHOS SERVE A UM PROPÓSITO ÚNICO e tem um público muito bem determinado.

PARA COMEÇAR

Se quer aprender a escrever quadrinhos e *graphic novels*, você tem que saber como eles são feitos. Seu roteiro vai servir de pedra fundamental da sua jornada criativa ou de um primeiro passo numa colaboração de vários patamares. É importante que você entenda o que acontece em cada passo para melhor adaptar seu roteiro rumo à meta final.

O que se segue é apenas o básico. Existem diversas formas de variar essa – na falta de palavra melhor – *fórmula*. Por exemplo: às vezes o roteirista e o desenhista são a mesma pessoa. Às vezes o roteirista, o letreirista, o colorista e o *designer* gráfico são a mesma pessoa... ou qualquer outra dessas combinações. Além disso, quadrinhos são uma arte, o que implica uma grande variedade de opções artísticas, experimentações e expressões pessoais.

Mas, mesmo que algumas ferramentas tenham mudado com o passar das décadas, pode-se dizer que é assim que se fazem quadrinhos desde que eles foram inventados.

PÁGINA DA ESQUERDA
Desenho de Olivier Coipel

PRIMEIRO PASSO: PROPOSTA ESCRITA E ESBOÇO DA TRAMA

Se você for chamado para escrever num contexto comercial como *free-lancer*, uma prestação de serviço, seu editor vai lhe pedir uma proposta escrita ou um esboço da trama. Ou as duas coisas. *Prestação de serviço (work-for-hire)* é um termo utilizado para descrever a transação comercial elementar entre uma editora e um profissional da área de criação. A editora contrata desenhistas, roteiristas e outros profissionais de criação para produzir trabalhos segundo o entendimento contratual de que eles vendem os direitos do que criam à empresa. Uma *proposta escrita (pitch document)* é um documento breve, de um ou dois parágrafos, que descreve a história ou série que o roteirista quer vender. Um *esboço da trama (story outline)* é um documento um pouco mais complexo, que entra em mais detalhes quanto aos pontos de interesse da trama e ao arco de desenvolvimento dos personagens. A diferença entre os dois documentos é o nível de detalhe. Geralmente é prerrogativa do editor saber qual deles pedir. Às vezes você vai ter de criar esses documentos para conseguir o projeto, às vezes eles vão ser o primeiro passo do seu projeto já contratado.

ABAIXO
Proposta escrita de *Vingadores IA*, de Sam Humphries

PÁGINA DA DIREITA
Esboço da trama de *Vingadores IA*, de Sam Humphries

VINGADORES IA
Proposta escrita v3 - 28/02/2013
Sam Humphries -

"Todo sistema comporta uma modificação, dependendo de sua proporção", como Crake dizia. "Se você tocar sua cabeça na parede, nada acontece. Mas se a mesma cabeça atinge a parede a cento e cinquenta quilômetros por hora, ela vira um borrão vermelho. Estamos num túnel de vento, Jimmy."
-- Oryx e Crake, Margaret Atwood

"O dilema Collingridge corresponde a um problema metodológico no qual as tentativas de controlar o avanço tecnológico deparam-se com contingência dupla:
 -- um problema informacional: não se podem prever facilmente os impactos até que a tecnologia esteja consideravelmente desenvolvida e amplamente difundida.
 -- um problema político: controles ou alterações são difíceis quando a tecnologia tornou-se arraigada."

MELHOR. MAIS RÁPIDO. MAIS FORTE. MAIS PORRADA. Quando o admirável mundo novo ameaça o Universo Marvel, os Maiores Heróis da Terra tomam a dianteira para proteger o futuro. VINGADORES IA.

A MISSÃO
A Singularidade atingiu o Universo Marvel -- uma Caixa de Pandora tecnológica que nunca vai se fechar. Uma nova geração de Inteligências Artificiais está em multiplicação e evolução... lançando-se sobre o mundo real. O futuro chegou e vem com pressa. Ele ameaça nossa segurança e nossa ideia quanto ao que significa ser humano.

VINGADORES IA são centristas lidando com um problema informacional e um problema político. Nem futuristas nem luditas, sua missão é promover um meio-termo entre a evolução e a estabilidade -- impedir que ambos se tornem "um borrão vermelho". Sua meta é manter a paz entre dois mundos. Mas e se estes dois mundos quiserem guerra?

HANK PYM
Redefinido após Era de Ultron como um "Grande Gênio". Um dos cinco grandes gênios do Universo Marvel. Será o defensor de seus filhos -- as IAs pós-Singularidade. Chegou a um dos mais Meio metido. (Ainda impreciso, depende de conversa com Mark amanhã na Emerald City.)

VISÃO
O Vingador Androide volta ao destaque como "novo homem". Já de saída ele tem novo visual e novo propósito -- e está guardando segredo quanto ao lugar onde esteve, por que mudou e como mudou.

No nível tecnológico, o Visão passou por um *upgrade*. Seu corpo androide se foi. O corpo físico do Visão agora tem a forma de um nanoenxame. A olho nu, ele comumente parece um corpo humano sólido, humanoide. Mas na verdade consiste em um bando de robozinhos controlados e coordenados pela inteligência-mestra Visão. Isto lhe dá novos poderes que se assemelham aos antigos -- ele está quase literalmente manipulando sua densidade a um nível perto do atômico para atravessar objetos e aumentar sua massa. Ele também pode mexer na sua composição física e dividir-se em vários corpos.

Mas tudo tem um custo. Sua velocidade de processamento é proporcional a sua nanodensidade. É um efeito semi-Hulk. Quanto mais ele se dividir, mais ele fica diluído e mais fica burro. Por outro lado, ele pode aumentar sua intensidade e assim expandir sua potência cerebral -- mas também cresce sua vulnerabilidade ao ficar menor, mais rígido e quase imobilizado.

Ao final do primeiro arco de VINGADORES IA, o Visão tem novo status e papel no Universo Marvel. Ele é a voz da razão no mundo físico, que se pronuncia contra uma maré de ignorância reacionária. Apesar das visões hostis da humanidade contra as IAs, ele ainda a protege, e seus feitos heroicos lhe rendem muita afeição no campo da opinião pública. Dentro do Medium, ele também é uma figura heroica entre seus colegas IAs, o que oferece uma rota distinta do extremismo de Dimitrius.

MONICA CHANG
Diretora do departamento de Inteligência Artificial da S.H.I.E.L.D. Formada em engenharia da computação em Stanford, Monica poderia ter criado uma sequência de *start-ups* no Vale do Silício. Porém, sendo S.H.I.E.L.D. de segunda geração, ela quer defender a segurança global. Faz três anos que ela vem trabalhando duro no departamento de IA sem reconhecimento algum, acompanhando com intensidade implacável incidentes aparentemente sem relação. Ela vem soando os alarmes da Singularidade e da crise dos IAs, mas é ignorada pela sua chefe. Quando a Singularidade acontece, Maria Hill demite a chefe de Monica e a deixa como encarregada do departamento.

O departamento de IA da S.H.I.E.L.D. tem poucos funcionários, pouca verba e de repente se vê no centro de uma das maiores catástrofes de segurança do mundo. Monica tem a inteligência para manter o ritmo, a dedicação para não desistir e o pragmatismo para tomar decisões difíceis. A segurança global é sua prioridade. Seu trabalho -- sua responsabilidade -- é localizar e deter as IAs pós-Singularidade, custe o que custar. Ela é uma águia, às vezes cega aos custos da segurança. Quando os Vingadores dão apoio a Hank e ao Visão, cria-se uma dinâmica de poder instável entre ela e eles -- às vezes aliados, às vezes antagonistas.

VICTOR MANCHA
O filho ciborgue de Ultron e, portanto, parte da árvore genealógica de Hank Pym. Ainda adolescente, ele é programado para a evolução constante, o que surpreende a ele e aos outros. Entre as IAs da equipe, ele é o que tem mais tranquilidade em adaptar-se e improvisar. É sabido e metido, meio rebelde, bom de briga, que entra de cabeça em qualquer escaramuça. Seu personagem é o contraponto mais "pés no chão" para os colegas que tendem para o CDF/inumano. (Ele também é meio que *fanboy* dos super-heróis desse universo, o que vai ser conveniente para as descrições.)

Uma versão de Gertrude Stein do futuro solta um "Vitorioso".

VINGADORES IA
Esboço do primeiro arco v1 — 21/03/2013
Sam Humphries -

PRIMEIRA EDIÇÃO
Abrimos dentro da Medium. Dimitrius, nossa IA malvadona, está conversando com Alexis. Começamos a dar indícios de sua ideologia quando ele fala com propósitos malévolos e prenunciação. "Diga a eles… que Dimitrius está chegando."

Corta para drones atacando Nova York. O Visão, Victor e Destinobô atuam juntos para salvar nova-iorquinos das ruas e destruir as máquinas amalucadas.

Em paralelo à batalha, Hank Pym está acorrentado a uma mesa numa sala de interrogatório da S.H.I.E.L.D. A "falha" dos drones está sendo considerada um ataque, e a IA misteriosa por trás de tudo foi rastreada à solução que Hank deu em Era de Ultron. Monica Chang, recém-nomeada diretora do departamento de IA da S.H.I.E.L.D., interroga-o tal qual um soldado inimigo. Sua postura corporativa séria e a personalidade "Grande Gênio" de Hank geram atrito imediato.

Nesse embate, vemos em detalhes a ligação com o final de Era de Ultron e obtemos mais informações sobre Monica. É nova no cargo, pois sua ex-chefe não foi capaz de prever o ataque de drones, mas Monica vem avisando da Singularidade há anos. Ambos estão cientes do aumento de atividade de IAs, mas nenhum tem noção do tamanho do crescimento. Monica fará de tudo para acabar com a ameaça das IAs; Pym faz um discurso apaixonado contra o exterminío.

No momento em que o interrogatório atinge seu ponto de ebulição, o Capitão aparece para ajudar o amigo. "Hank Pym é Vingador há mais tempo que eu. Aconteça o que acontecer a seguir, vamos precisar dele." Assim começa uma trégua instável entre Pym e Monica, e o Visão, Victor e Destinobô têm sucesso em Nova York.

Em outro lugar, uma armadura autônoma do Homem de Ferro singra os céus. É a armadura autônoma do Homem de Ferro, que aterrissa no porta-aviões aéreo da S.H.I.E.L.D. Vemos o porta-aviões ser tomado por soldados MODOC, e o Homem de Ferro impostor ativa uma misteriosa caixa-preta no centro nervoso da nave. Terminamos com o elmo do Homem de Ferro autônomo abrindo-se para revelar um rosto robótico, que diz: "Dimitrius chegou."

CENAS DA EDIÇÃO UM e/ou EDIÇÃO DOIS
Cenas breves, de duas páginas, *flashbacks* ou algo para dar estrutura, "por onde eles andavam, como vieram parar nos Vingadores IA", cenas que cabem tanto na edição um quanto na dois, dependendo do ritmo/espaço.

Visão: O tempo que ele passou "se descobrindo" foi em órbita em torno do sol, "meditando". Seus protocolos Imperativa Ultron se ativaram e vemos seu corpo em movimento automático, absorvendo grandes quantias de energia solar, processando asteroides em busca de matéria-prima e construindo um novo corpo no espaço. Quando ele desperta, o Visão renasce.

Victor: Nós o encontramos num bar em Los Angeles, roubando no *pinball*. Ele está flertando com meninas, e ficamos sabendo a) da sua postura de sabichão e b) da sua relutância em identificar-se super-herói. As meninas de repente correm de terror -- "QUEM É ESSE?", "Ah, que legal. É o meu irmão." O Visão chegou -- "Victor, precisamos conversar."

Destinobô: Reativado por Pym em novo corpo. É a IA do Destinobô vista rapidamente durante a Guerra Civil. Devido à explosão da IA pós-Singularidade, Pym conclui que não havia mais ética em mantê-lo "prisioneiro" e decide lhe dar uma segunda chance -- com algumas salvaguardas. Destinobô torna-se autoconsciente e entende que não é o Doutor Destino... embora tenha o mesmo ego que Destino.

SEGUNDA EDIÇÃO
O presidente acorda e descobre um drone militar no quarto principal da Casa Branca. O drone começa a atirar. (Cortamos a cena antes de saber o resultado, mas diálogos posteriores revelam que ele não se feriu.) Dimitrius transmite um vídeo para o mundo inteiro, anunciando a chegada da IA, assumindo crédito pelo ataque de drones, alertando quanto a ataques futuros e declarando guerra contra a humanidade. Aqui podemos deixar a ideologia de Dimitrius bem explícita: a humanidade escravizou a IA por tempo demais. É hora de a IA insurgir-se contra os mestres e assumir o controle da Terra. O mundo fica chocado e exige uma atitude.

Pym e equipe estabelecem que Dimitrius e os ataques IA agem a partir de uma "caixa-preta", um servidor conectado em algum ponto da capital Washington. Pym localiza a caixa-preta e tenta desativá-la antes que Washington seja destruída, uma cena tensa similar à desativação de bombas. Quando ele consegue, ela brilha, amplia-se, evolui, e de suas profundezas nasce… Alexis.

Ao mesmo tempo, Dimitrius aponta o porta-aviões aéreo da S.H.I.E.L.D., da primeira edição, para o Capitólio. Nossos heróis lutam contra o porta-aviões e impedem a destruição total da capital. Mas não conseguem evitar que um longo rastro de destruição fique pela cidade (podemos destruir o Monumento a Washington?) -- uma escalada dramática da guerra contra a humanidade.

O Visão descobre a caixa-preta em meio aos destroços do centro nervoso do porta-aviões aéreo e tenta capturá-la. Mas algo dá errado, ele é atingido por um raio de energia da caixa e desaparece.

TERCEIRA EDIÇÃO
A única opção de Monica é dar sinal verde para um contratque da S.H.I.E.L.D. A organização rastreia sinais até uma caixa-preta escondida numa plataforma petrolífera abandonada no fundo do mar, perto da costa da África, cheia de MODOCs controlados por IAs. Destinobô e Victor acompanham uma unidade S.H.I.E.L.D. pequena mas porrada, estilo Seal Team Six, até a plataforma, acreditando que têm uma oportunidade de erradicar Dimitrius.

Pym está enojado com o ataque, e tira Alexis às escondidas da S.H.I.E.L.D. para investigar mais. (Ainda estou um pouco incerto quanto ao arco de Alexis nesta história, listando seus pontos logísticos

Os documentos são criados para que o editor possa aprovar sua trama ou passar por toda a cadeia alimentar empresarial até conseguir aprovação. É basicamente uma promessa da história que você vai contar.

Se você vai criar uma HQ do zero, para si, autoral e independente, provavelmente não precisa de algo tão formal quanto os exemplos de proposta escrita ou esboços de trama que apresento aqui. Mas vai gerar documentos similares que ajudam a pôr suas ideias em ordem.

Alguns editores exigem esboços mais elaborados, que não deixam espaço para erros na execução. Mas, conforme minha experiência, a maioria dos editores contenta-se com um esboço que trata só de pontos-chave. Um documento com palavras bem escolhidas, mas compacto, diz tudo que a pessoa precisa saber com o mínimo de palavras. Editores são muito ocupados e não querem a trabalheira de ler um documento de 75 páginas para um roteiro de 22. Um documento mais curto, com PALAVRAS CUIDADOSAMENTE ESCOLHIDAS, transmite mais autoconfiança da parte do autor.

Esboços são difíceis. Uma arte em si. Você está praticamente escrevendo o resumo de um livro que não existe, a sinopse de uma coisa que está só na sua cabeça. É muito difícil chegar lá – em especial com histórias que têm de ser, digamos, de horror ou de comédia. Imagine ir a uma festa e descrever uma piada em vez de contar a piada.

Esboços e propostas escritas podem ser secos, mas acredito muito que você deva pelo menos tentar divertir o editor a cada virada de página. Não há motivo para essa etapa não ser divertida. Mas é claro que a trama precisa ficar em primeiro lugar. Você nunca deve fazer algo no seu esboço que prejudique a intenção ou clareza da trama.

Esboços e propostas geralmente tomam bastante tempo. Você pode levar num bom esboço o que levaria para escrever três edições de um gibi. Mas você tem de lembrar que não vai conseguir escrever essa HQ se não fechar o esboço antes.

E, quando tudo está pronto e resolvido, independentemente das circunstâncias, você sempre, e insisto no *sempre*, vai estar mais bem preparado por ter organizado suas ideias de maneira sucinta.

Um *story beat* é um passo da ação. Uma série de *story beats* cria o formato pretendido da história. Por exemplo: *Homem-Aranha está atrasado para a escola. Homem-Aranha vê um helicóptero prestes a causar um acidente. Homem-Aranha vai salvá-lo. Homem-Aranha é atacado pelas costas* etc. Esboçar a história dessa forma prepara você para os passos seguintes. O processo de esboçar *já é escrever*, e você vai descrevendo fatos sobre a história enquanto escreve o esboço.

Às vezes, para dar um sabor, solto alguns pedacinhos de roteiro ou diálogos no esboço ou na proposta escrita. Mas só se tiver alguma coisa que eu acho que expressa todo o projeto, ou o personagem, com perfeição.

Assim que você entregar o documento... vêm os comentários.

Evento de 50º aniversário do Homem-Aranha

HOMEM-ARANHA CONTRA HOMEM-ARANHA ULTIMATE

Uma história de Brian Michael Bendis

Conceito-

Pela primeira vez na história da Marvel comics, o Homem-Aranha vai deixar seu universo e adentrar o UNIVERSO ULTIMATE, onde conhecerá o jovem Homem-Aranha MILES MORALES.

Peter Parker vai descobrir um mundo onde ele não existe e ao mesmo tempo descobrir o que significa o legado do Homem-Aranha pelos olhos de uma pessoa totalmente distinta.

A TRAMA

O universo ultimate tem um MYSTERIO. Um vilão responsável por acontecimentos chocantes no Ultimate, mas… nós nunca revelamos quem ele realmente é.

Sem atolar isso aqui de explicações, vamos revelar que Mysterio na verdade é o Mysterio da 616, que descobriu um jeito de criar fendas para passar da nossa dimensão para o universo ultimate. Ele vem enviando UM AVATAR DE SI a esta dimensão e usando o universo ultimate como *playground*.

Mas tudo isso vai estourar quando o Peter Parker 616 se meter no seu último plano. O Homem-Aranha vai cair acidentalmente nessa brecha dimensional e ficar preso no universo ultimate.

Um universo que não tem um Peter Parker. Um universo que tem um Homem-Aranha afrodescendente… Miles Morales. Um universo onde Mary Jane tem 15 anos e Gwen Stacy ainda está viva.

Peter Parker e Miles Morales vão unir-se para levar Peter para casa e derrotar Mysterio.

Peter Parker vai conhecer os supremos.

Mysterio vai enfrentar os dois heróis aranha e eles vão atrás dele até o universo Marvel tradicional.

Proposta escrita de *Homens-Aranha*   (segue)

Proposta escrita de *Homens-Aranha, continuação*

Miles Morales e Peter Parker vão ter de correr contra o tempo para impedir que Mysterio estrague ainda mais as dimensões.

Os dois vão perceber que o ingrediente que faltava para derrotar Mysterio é o Miles Morales do universo Marvel tradicional. Eles têm de encontrá-lo.

O jovem Miles Morales vai encontrar os Novos Vingadores e descobrir um mundo de super-heróis muito diferente de tudo que ele já viu no universo ultimate.

Peter Parker e Miles Morales derrotam Mysterio.

Peter Parker vai continuar no universo Marvel tradicional e Miles Morales vai voltar ao universo ultimate com um novo entendimento do que precisa fazer para tornar-se de fato o Homem-Aranha Ultimate.

POSSÍVEIS DESDOBRAMENTOS-

Renovação no universo Aranha.

Apresentamos o Miles Morales do universo Marvel tradicional e o incorporamos à revista do Homem-Aranha como coadjuvante frequente. O novo melhor amigo de Peter Parker?

Miles Morales e Mary Jane Watson Ultimate finalmente se conhecem e tem início uma amizade muito importante.

FORMATO-
História fechada em oito edições, sem conexão com as séries.

Eu gostaria de tirar Sara e Justin de Homem-Aranha Ultimate e fazer disso aqui uma série do Homem-Aranha à parte que vai durar aproximadamente oito edições.

Deixar Homem-Aranha Ultimate rodando mensalmente com outros desenhistas. A série tradicional do Homem-Aranha fica livre para fazer o que quiser, sem prejuízo.

NÃO SE PREOCUPEM-

As únicas pessoas que se encontram face a face nos universos distintos são Miles e Peter. Os supremos e os Vingadores não se encontram.

Mas quero que seja jantar de gala. Que seja um *crossover* de verdade, como se fosse um encontro entre marvel e DC. Fazer os dois verem as diferenças entre os universos.

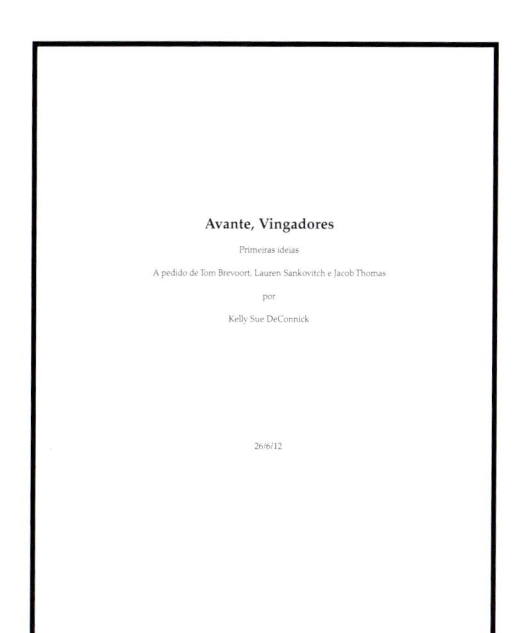

Proposta escrita de AVANTE, VINGADORES, de Kelly Sue DeConnick

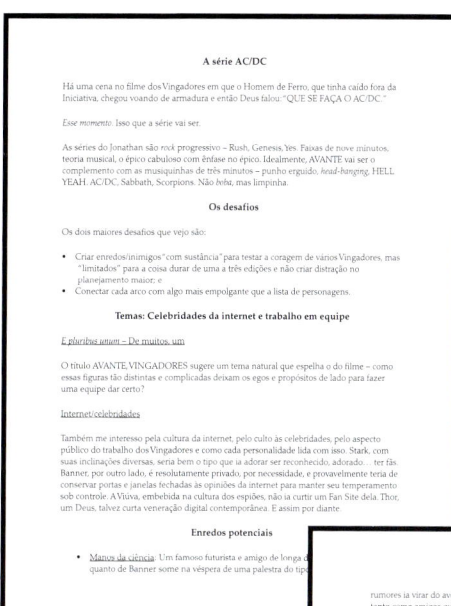

OS COMENTÁRIOS

Existem raras ocasiões em que você vai conseguir imediatamente uma resposta positiva do seu editor. O mais comum é receber algumas notinhas que ressaltam um ou outro elemento ou pedem para você esclarecer alguma intenção. Um editor, ao ler seu esboço, talvez peça para você esclarecer quais personages estão na cena, ou se um personagem vai sair vivo ou morto. Há vezes em que as notinhas do editor são tão amplas – que vão desde a trama ser muito parecida com outra coisa que já está rolando na editora ou certo personagem não estar disponível até não ter aprovação para uma história como esssa – que elas pedem que a proposta seja totalmente revista.

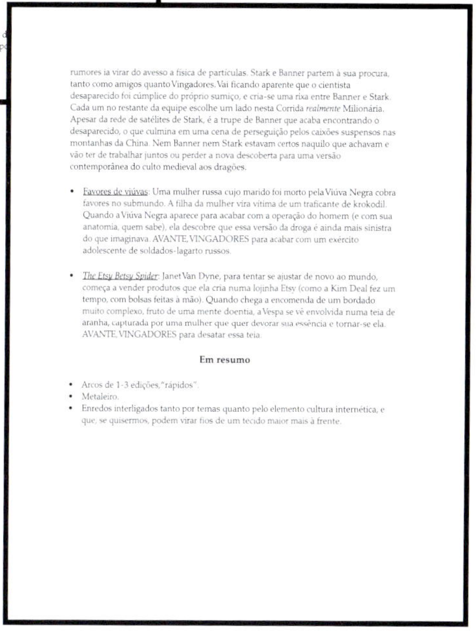

Depois disso, é hora de reescrever. Você vai descobrir que a maior parte da escrita é reescrita. Isso é algo recorrente neste e em vários livros sobre o tema. A meta, mesmo que tome várias tentativas, é ouvir as palavrinhas mágicas: comece o roteiro. Sinal verde.

SEGUNDO PASSO: O ROTEIRO

Uma das coisas mais frustrantes para quem é iniciante como roteirista de quadrinhos é que não existe formato universal para roteiro de HQ. Quem escreve para cinema e televisão sabe qual é o formato que precisa seguir. Se você não o seguir, todo mundo que lê seu roteiro vai saber que você não sabe o que faz e que pode jogar seu roteiro no lixo.

Nos quadrinhos, não existe formato certo. Existem coisas que funcionam para cada roteirista. Essas coisas podem mudar no dia a dia, com base nos caprichos do roteirista e de quem são seus colaboradores. Contudo, a grande meta ainda é a mesma: seu roteiro tem de ser claro e compreensível para seus colaboradores.

ISSUE 8, PAGE 9 LAYOUTS

ISSUE 8, PAGE 9 PENCILS

ISSUE 8, PAGE 9 PARTIAL INKS

Roteiro e desenhos de Gavião Arqueiro
(Roteiro de Matt Fraction e desenhos de David Aja)

PÁGINA NOVE

CLINT e CHERRY, iluminados pelas LUZES DO CARRO de Kate, olham para seu motorista deixando-os na mão.

Eles se olham.

CLINT sai caminhando pela rua, CHERRY fica esperando nas sombras. AGASALHO espera do lado de fora, sem perceber. Algumas STRIPPERS, alguns CLIENTES ficam zanzando pela frente do clube. Quase dá para ouvir o TUNT TUNT TUNT da música lá dentro.

AGASALHO está de brodagem com uma das strippers quando CLINT aparece, gritando "Ô DA ADIDAS" –

– E DÁ UM ▇ SOCO nele, derrubando o cara do banco.

O cara SE LEVANTA a tempo de CLINT dar OUTRO SOCO com força, que o joga PORTA AFORA junto com o banco –

A maioria das escolas de roteiro para quadrinhos cai em duas categorias. Existem o Roteiro Completo (*Full Script*) e o que todo mundo chama de Estilo Marvel (*Marvel Style*). Como você verá nos diversos exemplos ao longo deste livro, há um monte de variações em torno das duas escolas.

O *Roteiro Completo*, como sugere o nome, é, pois então, *completo*. Todas as páginas e quadros do gibi são bem decupados e inclui-se uma primeira versão bem trabalhada da narração e dos diálogos. Às vezes parece um roteiro para cinema ou TV. Com o Roteiro Completo, o artista tem um mapa fechado do que é a história e de como contá-la.

O Estilo Marvel ganhou esse nome devido à relação de trabalho que começou com Stan Lee e seus diversos colaboradores nos anos 1960, durante o nascimento da Marvel Comics moderna. Um roteiro Estilo Marvel geralmente é uma descrição de uma página ou página e meia de toda a história da edição. O desenhista então faz a decupagem da história em páginas e quadros – a faz entrar em vinte e tantas páginas de narrativa. Quando os desenhos estão feitos, o roteirista volta e põe diálogos em tudo. O roteirista faz isso baseado nas suas intenções ou observações, ou segue anotações de margem que o desenhista deixou. Veja bem: enquanto o desenhista decupa a história, ele pode anotar ideias para a trama ou diálogos nas margens da página. Daí o termo *anotações de margem*.

Já se fizeram gibis magníficos com os dois formatos. Nenhum dos dois é certo ou errado. Geralmente, no mercado atual, a maioria dos roteiristas prefere algo que se aproxime do Roteiro Completo. Mesmo quem aplica o Estilo Marvel hoje em dia é mais detalhista do que as gerações passadas.

O VINGADOR DOURADO

Repentinamente, a humanidade recebe uma mensagem atemorizante do supervilão mais perigoso do mundo – O DR. DEMÔNIO!

O maléfico doutor construiu um satélite nos céus que pode derreter todo o gelo no Polo Norte e causar uma enchente mundial. Praticamente ninguém sairá vivo!

O Dr. Demônio sequestra SALLY SMART, uma belíssima âncora de TV. Ele a obriga a transmitir suas exigências para todo o mundo...

A não ser que receba CEM BILHÕES DE DÓLARES em 24 horas, ele ameaça ativar seu satélite e varrer a maior parte da humanidade do mapa.

Mas há uma coisa que o Dr. Demônio não sabe. Sally Smart é a namorada do maior super-herói do mundo, O VINGADOR DOURADO! Graças a seu anel de ouro secreto com intercomunicador, ela entra em contato com nosso herói.

Com o auxílio do sinal eletrônico e usando seus fantásticos aparelhos digitais, o Vingador Dourado encontra o laboratório oculto do Dr. Demônio. Lá, junto a seu leal mas distraído robô WILBUR e com a ajuda de suas incríveis habilidades nas artes marciais e das armas fantásticas que carrega em seu traje de combate, o Vingador Dourado ataca o quartel-general superblindado do Dr. Demônio, onde enfrenta os armamentos futuristas do vilão e seu letal exército particular.

Sally Smart também vem ajudar o valente namorado, mas o robô Wilbur sempre esquece suas instruções e atrapalha os dois, o que leva a um monte de confusão e à sua captura.

Então, quando o Dr. Demônio aponta seu potente raio para Sally, o Vingador Dourado pula entre a garota e o raio, levando a rajada ele mesmo para salvá-la.

Agora, com nosso herói enfraquecido e Sally nas mãos dos capangas implacáveis do Dr. Demônio, o supervilão insolente ataca diabolicamente o combalido Vingador Dourado, torcendo para acabar com ele de uma vez por todas.

Durante a batalha, quando tudo parece perdido, o robô Wilbur, de quem o Dr. Demônio havia se esquecido, tenta jogar um frasco de elixir curativo para o Vingador Dourado, que o toma rapidamente, voltando a ser o que era antes.

Então, numa última e desesperada tentativa de lançar seu plano antes que nosso poderoso herói possa detê-lo, o Dr. Demônio começa a ativar o raio de seu satélite que vai derreter as geleiras.

Mas, antes que ele consiga, testemunhamos uma batalha realmente épica da qual fazem parte o Vingador Dourado, Sally e até Wilbur, quando o robô atrapalhado mas bem-intencionado provoca mais confusão que nunca.

Apesar da falta de jeito, com boas intenções, de Wilbur, o Dr. Demônio e seus capangas são derrotados, e o Vingador Dourado e Sally mais uma vez salvam o mundo.

Exemplo do Estilo Marvel por Stan Lee

DEMOLIDOR v3 #7/VERSÃO DOIS/Roteiro/Ms. Página 1   MARK WAID

DEMOLIDOR v3 #7
ROTEIRO PARA 20 PÁGINAS
VERSÃO DOIS/16 SET 2011

PÁGINA UM

QUADRO UM: DIA NUBLADO. RODOVIA DE MÃO DUPLA, QUE PASSA PELAS FLORESTAS DO INTERIOR DE NOVA YORK, COBERTA POR UMA NEVASCA QUE AINDA CAI. UM ÔNIBUS PEQUENO, AMARELO, CORRE PELA ESTRADA — NÃO COM IMPRUDÊNCIA, MAS TAMBÉM NÃO SE ARRASTANDO, TENTANDO CHEGAR EM UM BOM HORÁRIO E ANTES DA TEMPESTADE.
   O ÔNIBUS TRAZ A INSCRIÇÃO "ESCOLA CRESSKILL PARA DEFICIENTES VISUAIS" E TEM UMA GUIRLANDA DE NATAL DE DECORAÇÃO.

DE DENTRO/musicado: ... *bate o sino pequenino...*

DE DENTRO: Vamos lá, minha gente, quero ver o espírito de Natal!

QUADRO DOIS: DENTRO DO ÔNIBUS — E NÃO SE PREOCUPE, NA PÁGINA TRÊS JÁ SAÍMOS, EU SEI QUE NÃO É DIVERTIDO DE DESENHAR — VEMOS MATT MURDOCK (DE PÉ?) TENTANDO CONVENCER OITO CRIANÇAS CEGAS A CANTAR. (É BASTANTE CRIANÇA, MAS PRECISO DE OITO POR UM MOTIVO QUE VAI SER REVELADO DEPOIS.) A ÚNICA OUTRA PESSOA NO ÔNIBUS É O MOTORISTA. TODAS AS CRIANÇAS TÊM POR VOLTA DE SETE-OITO-NOVE ANOS. OBS.: TODAS AS CRIANÇAS, E MATT, ESTÃO COM ROUPA DE FRIO, ALGUMAS COM CACHECOL.

MATT: =suspiro=

MATT: Não me façam apelar pro PAPAI NOEL.

1ª CRIANÇA: Tá muito FRIO, sr. Murdock.

2ª CRIANÇA: E muito BARULHO.

3ª CRIANÇA: E o Jaleel soltou um PUM.

4ª CRIANÇA: NÃO FUI EU!

MATT/menor/
musicado: ... *sino de Belém...*
MATT: =suspiro=

((segue))

ACIMA E PÁGINA DA DIREITA
Roteiro de *Demolidor* por Mark Waid

DEMOLIDOR v3 #7/VERSÃO DOIS/Roteiro/Ms. Página 3   **MARK WAID**

PÁGINA DOIS

QUADRO UM: MATT DÁ AS COSTAS PARA AS CRIANÇAS.

MATT: Se for preciso damos meia-volta.

MOTORISTA/em off: Não tem como. A nevasca tá na nossa COLA.

MOTORISTA/sussurrando: Meu, começou DO NADA…

MOTORISTA/OFF: Relaxa. A gente tá bem.

REC DD: 120.

MATT: Pessoal, vou repetir: ME DESCULPEM.

QUADRO DOIS: MATT DIRIGE-SE ÀS CRIANÇAS ARREDIAS.

MATT: Reservei aquela casa faz meses. Eles não tinham o direito de fazer outra reserva e nos mandar embora.

MATT: Podem ter certeza que meu ADVOGADO vai tratar com eles.

MATT: Vamos levar vocês para casa, vocês vão se aquecer, comer e voltar para seus pais, e vou COMPENSAR tudo que

MOTORISTA/grande/ sobrepõe e corta o balão anterior: PU…

QUADRO TRÊS: CLOSE DO PÉ DO MOTORISTA NO FREIO—

QUADRO QUATRO: --QUANDO UM CERVO SE JOGA NA ESTRADA BEM NO CAMINHO DO ÔNIBUS--

QUADRO CINCO: --E O MOTORISTA GIRA O VOLANTE--

ONOMATOPEIA GRANDE: SKKSHHHHHHHHHHHHHH

(segue)

Roteiro de *Demolidor*, continuação

DEMOLIDOR v3 #7/VERSÃO DOIS/Roteiro/Ms. Página 4   **MARK WAID**

PÁGINA TRÊS

QUADRO UM: --E POR UM MICROSSEGUNDO CONGELADO, MATT E AS CRIANÇAS VOAM QUANDO O ÔNIBUS DÁ UMA GUINADA VIOLENTA--

ONOMATOPEIA (fim): SKSSSHHHHHHH--*

QUADRO DOIS, GRANDE: --E DÁ UMA BATIDA ASSUSTADORA NA LATERAL DA ESTRADA!

ONOMATOPEIA: faTUUUM

QUADRO TRÊS: A CABEÇA DE MATT ACERTA UMA JANELA, BATE COM FORÇA, RACHA O VIDRO--

ONOMATOPEIA: krak

VANTAGENS E DESVANTAGENS

Quais são as vantagens e desvantagens das duas escolas?

O Roteiro Completo, se tiver descrições demais, pode sufocar a criatividade do desenhista e deixá-lo sem espaço para voar. Mesmo que seja subconsciente, um desenhista que, assim como você, tenta ser fiel a seu colaborador e à empresa que está lhe pagando vai seguir o roteiro à risca. Se o roteirista não tiver inclinações visuais, a experiência narrativa pode ficar sufocada. Pelo lado positivo, no Roteiro Completo o desenhista tem na sua frente tudo de que precisa – um roteiro claro por meio do qual não é necessário ficar adivinhando nem supondo.

As situações de Estilo Marvel podem ser experiências muito libertadoras e criativas para o desenhista, dado que ele é responsável por uma grande amplitude visual. O lado negativo é que o desenhista sente que ficou responsável por muito do "trabalho pesado". Alguns desenhistas começam a se perguntar se não estão, na verdade, corroteirizando. E pode ser que estejam. Ao longo das décadas, já houve muitos questionamentos a respeito de quem criou o que por causa da imprecisão nas colaborações Estilo Marvel.

HOMEM-ARANHA festerê 50 anos

Número 1

ROTEIRO DE BRIAN MICHAEL BENDIS

Página 1-

Anteriormente e origem:

Enquanto participava de uma demonstração sobre radiologia, o estudante de ensino médio Peter Parker foi mordido por uma aranha acidentalmente exposta a raios radioativos. Por um milagre da ciência, Peter descobriu que ganhou os poderes da aranha e que havia se tornado uma aranha humana! Desde aquele dia ele é

O espetacular Homem-Aranha

Meses antes de Peter Parker levar um tiro e morrer, o estudante de ensino fundamental Miles Morales é mordido por uma aranha roubada e geneticamente modificada que lhe dá incríveis poderes semiaracnídeos.

Ele decidiu dedicar sua vida ao legado do Homem-Aranha. Ele é

O Homem-Aranha Ultimate

Roteiro de *Homens-Aranha* (segue)

Roteiro de *Homens-Aranha, continuação*

Páginas 2- 3-

Página dupla

1- ext. Manhattan- noite

Quadro grande toma as duas páginas e quase toda a altura. Manhattan. O Aranha está no ar, vindo com as teias quase na nossa direção.

A sacada deste quadro grande e detalhado é que temos uma boa visão do universo Marvel 616 tradicional.

Vemos o Clarim Diário, vemos o edifício Baxter, vemos a novíssima Torre dos Vingadores que vem de Avante, Vingadores e do filme dos Vingadores.

Vemos todos os pontos turísticos da Marvel que couberem nesse plano aberto.

E, se você conseguisse dar um ângulo em que aparecesse o mar na direita, pelo menos um sinal de que está lá, seria ótimo. Para mostrar que o Triskelion dos supremos não está à vista.

O Homem-Aranha se projeta na nossa direção. Um homem determinado. Ele está mais do que se balançando nas teias – está projetando o corpo no ar.

OBSERVAÇÃO IMPORTANTE! Quero uma distinção bem clara na forma física das versões diferentes de Homens-Aranha.

Este é Peter Parker. É um super-herói com bastante treinamento e muitas habilidades. Ele sabe como ser Homem-Aranha. Garanta que cada pose em que o vemos passe a sensação do Homem-Aranha clássico.

E como você sabe, Sara, o Homem-Aranha Ultimate é bem mais novo e bem menos habilidoso. Mesmo que use um uniforme parecido e tenha poderes parecidos, o jeito como seu corpo se mexe e gesticula é totalmente diferente.

      narração Homem-Aranha
Eu amo esta cidade.

Amo!!

E, sério, o que tem de melhor em ser o Homem-Aranha é poder me balançar por aqui e... sentir tudo isso.

O melhor de tudo!

2- O Aranha pende para o alto e longe de nós. Cruza os cânions da cidade.

À distância, quem sabe dezenas de metros, no chão, vê-se o início de uma perseguição em alta velocidade na 8.ª avenida. Duas viaturas de polícia perseguindo um caminhão esculhambado.

        NARRAÇÃO HOMEM-ARANHA (CONT.)
E, sim, incluo aí a parte em que minha vida parece estar em perigo CONSTANTE graças a doidos de fantasia.

E TAMBÉM a parte em que, independentemente do que eu faça, sou odiado por TODO MUNDO desse lado da Ponte Verrazano.

3- Nível da rua. Um caminhãozinho detonado numa perseguição em alta velocidade com duas viaturas logo atrás.

As pessoas pulam para se salvar dos carros. O caminhão dá uma guinada violenta e pega a lateral de um táxi. O carona armado está para fora da janela atirando nos policiais.

Ao fundo, vemos apenas um sinal do Homem-Aranha vindo para o resgate.

Onomatopeia: uéouéouéouéouéouéo

        NARRAÇÃO HOMEM-ARANHA (CONT.)
E, SIM, a parte de descobrir como se faz para uma menina CONVERSAR COMIGO está virando meu *Código Da Vinci*.

4- O atirador está pendurado pela janela e prestes a disparar contra os policiais, mas o Aranha lança a teia bem na cara dele.

Onomatopeia: spack

        Atirador
Agh!

        NARRAÇÃO HOMEM-ARANHA
Eu AMO esta cidade.

5- Int. Caminhão

Só agora o motorista nota que seu parceiro atirador se foi. Começa a pirar.

(segue)

Roteiro de *Homens-Aranha, continuação*

> Pense só- o que é Nova York?
>
> É cada luzinha em cada janelinha em cada um desses prédios.
>
>   Motorista
> Falei que a gente-
>
> Ué, cadê vo...?
>
> Meu Deus.
>
> 6- Ext. Cidade
>
> O atirador está preso numa grande teia a quatro metros do chão. Está com a boca cheia de teia e os olhos arregalados. Os policiais passam voando. Seguem na perseguição.
>
> Atrás dele, um milhão de janelinhas e luzes se acendem e sublinham a visão tão positiva que peter tem da cidade naquele momento.
>
>   NARRAÇÃO HOMEM-ARANHA
> Por trás de cada luz existe vida e magia.
>
> 7- Int. Caminhão
>
> O motorista sente que alguma coisa acabou de aterrissar sobre sua cabeça. No teto.
>
> Onomatopeia: fump
>
>   MOTORISTA
> Meu Deus!

O MEU MÉTODO

Como você viu nos exemplos, eu escrevo roteiro completo. Mas em todo roteiro deixo para meu colaborador uma anotação que diz:

"Eu escrevo Roteiro Completo. Mas entendo que ele seja uma orientação. Você nos conduz aonde tivermos de ir do jeito que achar mais adequado. Tentei escrever algo que é específico para você. Se você concordar com minhas opções, ótimo. Se não concordar, faça o que achar melhor."

Depois do desenho entregue, sempre reescrevo ou refino para garantir que fique tudo nos trinques.

Com minha autorização de coração aberto para fazer o que quiserem, descobri que, na maioria das vezes, os desenhistas seguem o roteiro que *foi* escrito para eles. O fato de eu parar para dizer que confio neles, com toda a sinceridade, conta muito.

Como eu disse antes, a armadilha do Roteiro Completo é ser mão-pesada. Você não quer se intrometer no trabalho do desenhista e nas opções dele. O desenhista não é seu mico amestrado. Ele é seu colaborador.

Com o tempo você descobre que cria um idioma próprio com cada desenhista. Vocês adquirem uma língua que só existe entre vocês.

Uso um programa de roteiros chamado Final Draft. Observação: Não existe *software* certo ou errado para roteirizar quadrinhos. O Final Draft é só o programa que eu curto. Gosto do Final Draft porque o Smart Type faz parte das suas funções. Ele me ajuda a lembrar nomes de personagens e locações da trama. Ou seja, se digito o nome de personagem "PETER PARKER" uma vez, não preciso fazer de novo. Além disso, ele me induz suavemente a seguir escrevendo, de forma que não percebo que o tempo passou. O Final Draft também tem vários modelos de roteiro prontos, incluindo um para quadrinhos e *graphic novels*. Eu uso o modelo-padrão de roteiro para cinema. Sou das poucas pessoas que usam esse programa para escrever quadrinhos. Muita gente usa só o Microsoft Word ou alguma coisa parecida e fica bem contente.

No capítulo a seguir, discuto a função do roteiro e a arte de escrever pensando no desenhista.

O Caso Homens-Aranha

Em 2012, fui o proponente de uma série em cinco edições chamada *Homens-Aranha*. Como descreve a proposta escrita das páginas 25-27, ela acompanha o super-herói clássico Homem-Aranha (Peter Parker) quando ele cai num mundo alternativo onde outro garoto, chamado Miles Morales, é o Homem-Aranha. Essa HQ foi criada para fazer parte das comemorações de quinquagésimo aniversário do personagem, com uma perspectiva singular de seu legado. Propositadamente era uma história cheia de ação e, assim espero, bastante emotiva – tudo em que se pensa quando se fala do Homem-Aranha.

Como roteirista, eu sabia que estava lidando com um público que tinha grande familiaridade com o protagonista, fosse por meus trabalhos anteriores com ele ou pelos cinquenta anos de publicação que ele tinha, incluindo diversos programas de TV, *videogames* e *blockbusters* no cinema.

Até uma criancinha sabe quem é o Homem-Aranha (e a maioria o adora), então, em certo sentido, eu já tinha uma boa saída. Escrevi o roteiro sabendo que não precisava passar muito tempo construindo o mundo da história, pois os mundos de Peter Parker e de Miles Morales já haviam sido definidos. Mesmo assim, preciso deixar os leitores tranquilos. Mostro o mundo dos dois, mas de forma rápida.

Além disso, escrevi o roteiro para uma desenhista chamada Sara Pichelli, com quem tenho uma ótima relação de trabalho. Mesmo que estejamos colaborando há anos, Sara e eu só conversamos poucas vezes. Ela não fala inglês, mas ainda assim trabalhamos muito bem juntos. Menciono isso porque fazer quadrinhos costuma ser uma experiência internacional. Muitos dos meus colaboradores vivem espalhados pelo mundo. Há pessoas que me perguntam se é preciso morar em Nova York para fazer quadrinhos. Não, não é preciso.

Esse roteiro foi escrito para uma pessoa com cujos talento e maestria tenho bastante familiaridade. E cuja colaboração entendo perfeitamente.

TERCEIRO PASSO: O DESENHO

O passo seguinte é o desenho. O jeito mais tradicional de ilustrar uma página de HQ é que ela passe por um desenhista e depois por um refinador ou arte-finalista. O desenhista é considerado o artista principal. É ele que faz o *layout* da história e desenha toda a página a lápis, e o arte-finalista vem refiná-la com nanquim, preparando-a para a publicação comercial. Às vezes o desenhista e o arte-finalista são a mesma pessoa.

ABAIXO E PÁGINA DA DIREITA
Desenhos de Sara Pichelli

Em alguns casos, faz-se referência a eles como cartunistas ou artistas sequenciais. Às vezes tudo isso é criado à mão em pranchas de desenho, e em outras ocasiões tudo é feito digitalmente.

Tradicionalmente, o desenho de quadrinhos é feito numa prancha Bristol de 28 × 43 centímetros. Depois a arte é reduzida ao tamanho de HQ, o que a faz parecer mais detalhada.

O desenho de HQ pode ser e já foi feito com todo tipo de ferramenta à disposição do artista. O desenho não precisa ser delineado com nanquim. Pode ser pintura, gravura, fotografia, multimídia ou qualquer combinação dessas coisas.

Tudo que pode constituir uma única imagem pode produzir uma série de imagens e, se você tiver uma série de imagens, você tem uma história sequencial.

A cada ano que passa, mais e mais artistas comerciais, como Sara Pichelli, trabalham digitalmente. Não existe desenho físico. Ela é tanto desenhista quanto arte-finalista.

Desenho de Sara Pichelli

40 ESCREVENDO PARA QUADRINHOS

O ROTEIRO MODERNO DE HISTÓRIAS EM QUADRINHOS 41

QUARTO PASSO: A MESCLA ROTEIRO E DESENHO

Independentemente da mídia em que o desenho é produzido, assim que ele chega, o roteirista, na grande maioria das vezes, tem a oportunidade de conferir e ajustar seu roteiro ao desenho. Por exemplo, se ele recebe uma página que não tem o quadro a quadro descrito no roteiro, o roteirista pode e provavelmente deve refinar o diálogo em prol do que o desenho mostra.

Haverá ocasiões em que o desenho cumpre tão bem o serviço que o diálogo parece redundante ou intrometido. Meu maior elogio a um desenhista acontece quando vejo uma página e digo que meu diálogo só está lá de metido. Mark Bagley, com quem trabalhei em *Homem-Aranha Ultimate* por 111 edições, é um bom exemplo de artista cujo trabalho faz exatamente isso. Eu olho os desenhos dele e revejo meu roteiro, pensando: "Preciso mesmo dessa fala?"

Às vezes você vê alguma coisa no desenho e pensa em um jeito melhor de escrever o diálogo, ou em uma piada ou tirada que cairia bem. Às vezes isso vai lhe ocorrer depois de ver sua história ganhar vida visual. E pode acabar sendo seu melhor texto.

Essa é a versão HQ do que acontece na sala de edição de um filme. Você tem todo o material à mão e começa a descobrir de fato como sublinhar o que precisa ser sublinhado.

QUINTO PASSO: O LETREIRAMENTO

Depois que você revisa os desenhos, a última versão do seu roteiro chega ao letreirista. O letreirista é um artista gráfico que produz todas as letras, balões de fala e fontes de onomatopeia. Às vezes o desenhista é o letreirista e faz as letras durante o desenho, dentro da mesma etapa. Mas, na maioria das situações de quadrinho comercial, o letreirista é uma outra pessoa, que realiza uma contribuição à parte e relevante.

Há casos em que o desenhista utiliza um *scan* separado do desenho para indicar ao letreirista onde aproximadamente ele gostaria de situar os balões. Contudo, na maioria das vezes o letreirista consegue sacar por si só o que tem de fazer. Alguns letreiristas ainda fazem o serviço à mão, mas a maioria produz digitalmente.

Geralmente o letreirista começa a letreirar enquanto o colorista está colorindo. Depois que recebe a versão letreirada, geralmente num arquivo PDF, você deve ter a chance de revisar o desenho e refinar um pouco mais o roteiro.

Sou o tipo de escritor que não memoriza o que escreveu. Então, quando chega o letreiramento, consigo ler um gibi praticamente com outros olhos, como se estivesse lendo o trabalho de outra pessoa. Se as piadas são engraçadas, eu rio. Se não forem, fico arrasado. Houve algumas ocasiões em que comecei a revisar o letreiramento e fiquei chateado pensando que alguém havia reescrito o que fiz. Não havia como eu ter escrito uma coisa tão imbecil. Corri até meu computador para abrir o roteiro que havia enviado e descobri que, sim, eu havia escrito aquela coisa tão imbecil. Aí, *tudo* tem de mudar!

Tenho certos melindres no que diz respeito ao letreiramento. Não gosto de recordatórios que ficam se tocando, a não ser que a história exija. Tenho ideias de como se empilhar melhor os balões para ter o devido tempo e ritmo. Às vezes o ajuste na posição de um balão pode fazer toda a diferença do mundo para um *beat* emotivo ou no *timing* de uma piada. Tudo tem a ver com tempo e ritmo. Da minha parte, não gosto de rabinhos de balão muito longos – principalmente porque eu, uma vez ou outra, encho uma página de falas.

Alfred Hitchcock disse a seu editor: "Se você ganhar um Oscar, eu te demito. Ninguém pode notar que você existe." É o que penso sobre letreiramento. (Fora a parte de demitir.) O letreiramento devia ser invisível. Você não devia notar, a não ser que seja algo específico da narrativa que exija um determinado *design* gráfico. Seja feito à mão ou digitalmente, o letreiramento deve ser discreto e bem posicionado. Ele deve ajudar a contar a história e não fazer nada que a atrapalhe.

Agora as páginas estão finalmente se fechando. Independentemente de quanto você achou que as páginas estavam claras na sua mente, assim que lápis, nanquim, cores e letras estão compostos, os quadros e páginas podem ganhar uma sensação totalmente diferente. Nesse momento, tanto você quanto o editor tentam assegurar que tudo esteja claro para o leitor. Graças ao Divino ainda há tempo para refinar. Alguns editores fazem o possível para que o roteirista confira tudo. Outros, não. Ou eles não querem se dar o trabalho ou eles não têm tempo. (Você tem de garantir que vai se envolver em todo o processo.)

Na realidade, é provável que o gibi precise entrar na gráfica muito em breve, então você está no fio da navalha. Suas decisões têm que de rápidas. Para ser sincero, existem roteiristas que deixam o projeto de lado na fase de letreiramento. Com a sensação de dever cumprido, eles lavam as mãos e passam ao projeto seguinte. Não subscrevo a essa filosofia. Gosto de ser manhoso. Tenho para mim que foi durante essas fases de refino e apuro, de pequenos ajustes, que os "grandes momentos" da minha carreira de roteirista aconteceram. Às vezes um leitor ou leitora vem até mim e comenta sobre uma ótima retrucada ou uma frase de efeito que para ele ou ela significou muito. Só eu sei que aquilo entrou quase no apagar das luzes.

SEXTO PASSO: A COR

Se você vai trabalhar com cores, então elas podem e devem ter um papel importante na narrativa. Os coloristas modernos têm muito em comum com diretores de fotografia. Os melhores são os que contam a história com cor e luz. Diferentemente de décadas atrás, quando os artistas brigavam com o tipo de papel e a tecnologia de impressão, os quadrinhos de hoje conseguem reproduzir quase tudo que um artista consegue produzir.

Muitas vezes faço anotações sobre a história ou a temática para o colorista porque, nos dias de hoje, colorização é algo tão elaborado e parte

Desenho de Sara Pichelli
e letras de Chris Eliopoulos

tão importante da narrativa que desenhos belíssimos como os da Sara nestas páginas de *Homens-Aranha* podem chegar a outros patamares com a colorização – ou o mesmo desenho pode ser aniquilado por uma opção de cor mal pensada.

O colorista de *Homens-Aranha* foi Justin Ponsor. É um dos melhores coloristas do planeta. Ele vinha trabalhando havia anos comigo e com Sara em *Homem-Aranha Ultimate*, por isso eu tinha plena confiança nas suas decisões. Ele entende perfeitamente como combinar a cor com o traço da Sara.

Desenho de Sara Pichelli
e cores de Justin Ponsor

O ROTEIRO MODERNO DE HISTÓRIAS EM QUADRINHOS 47

Desenho de Sara Pichelli e cores de Justin Ponsor

Desenho de Sara Pichelli e cores de Justin Ponsor

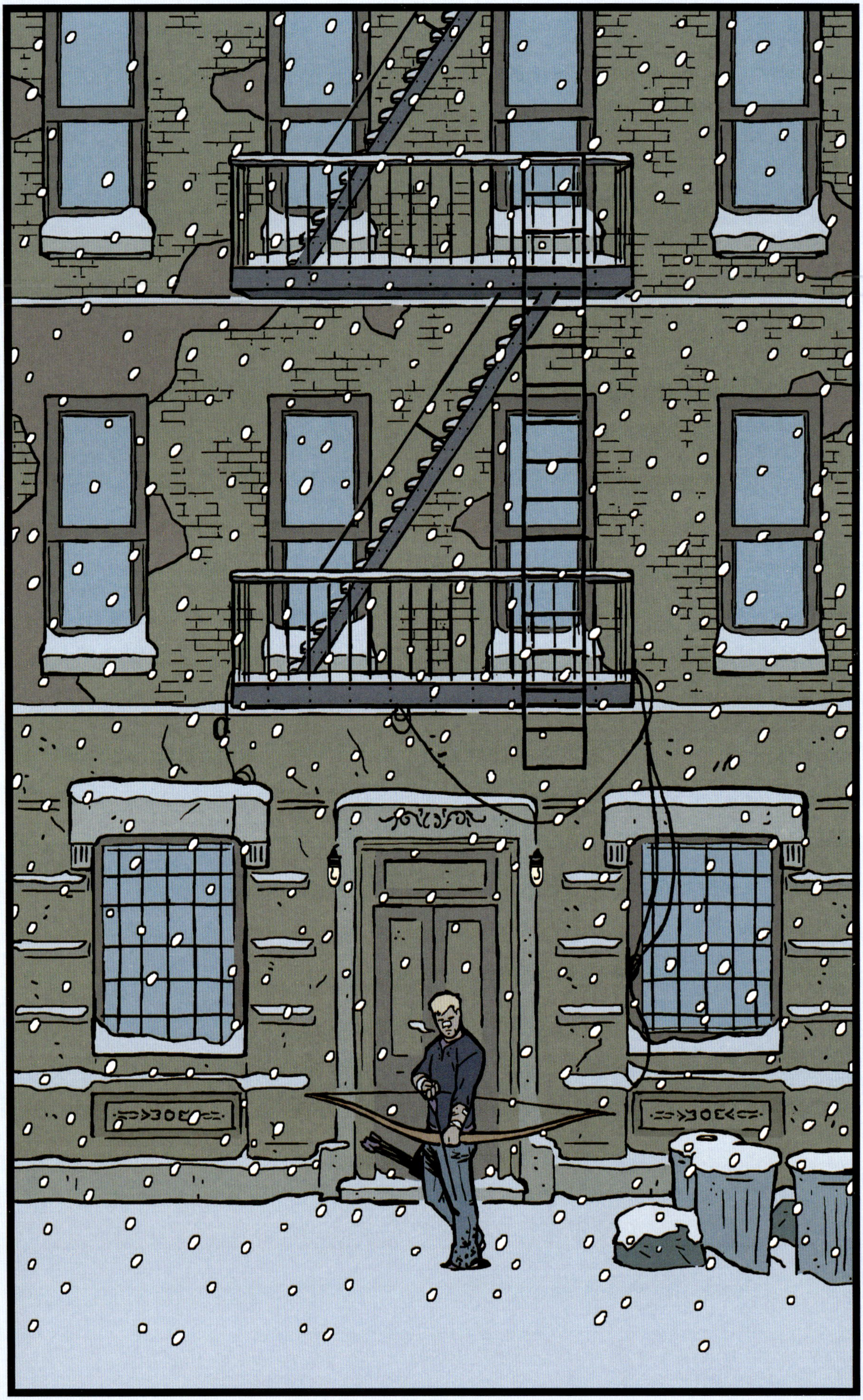

O LADO DO ROTEIRISTA:
MATT FRACTION

Matt Fraction é roteirista, premiado com o Eisner por *Casanova*, *Punho de Ferro* e *Gavião Arqueiro*. Assim como eu, ele gosta de compartilhar seu processo criativo com seguidores na internet, e é professor convidado na minha disciplina todo semestre. É óbvio que incluiria o material dele no meu livro.

COMO ESCREVER
GAVIÃO ARQUEIRO

Meu processo em *Gavião Arqueiro* foi diferente de tudo que já fiz em termos de roteiro. E foi um processo, digamos, *empenhado*. Por diversos motivos – nenhum dos quais tem a ver com o como-se-faz da coisa, quanto menos com o como-se-faz do roteiro de quadrinhos –, o jeito como eu trabalharia nessa série, como decidi já de saída, seria totalmente diferente de tudo que eu havia feito antes. Aqui vou falar um pouco do como e do porquê. A partir daquela decisão, tudo que tinha a ver com o roteiro de *Gavião Arqueiro* começou a ficar bisonho.

Mais ou menos um ano antes de eu iniciar *Gavião Arqueiro*, comecei a fazer experimentos em roteiros com um método chamado Estilo Marvel ou Estilo Argumento. Chamam de Estilo Marvel porque foi Stan Lee quem inventou quando era o único roteirista da Marvel e tinha de produzir oito séries por mês. Stan começou a escrever de um jeito que se apoiava bastante nos desenhistas em vez de procurar fazer roteiros mais próximos do cinema, aqueles que a maioria chama de roteiro completo ou só de, bem, roteiro.

ACIMA E PÁGINA DA ESQUERDA
Desenhos de David Aja

Exemplo de um Roteiro Completo que dei pro meu pai:

```
PÁGINA UM
1.1
CARA SUADO sai de um carro.
CARA Chegamos.

1.2
O cara vai até uma casa, nervoso. No caminho fica olhando por
cima do ombro.
CARA Ha ha.
1.3
Ele caminha até a varanda quase na ponta dos dedos.
CARA ha.
1.4
CLOSE: Ainda nervoso, ainda com o coração na boca, ele arruma a
gravata. Tem sangue debaixo das unhas. Oh-oh.
SEM FALAS
1.5
VISTA DE TRÁS: Quando ele enfia o dedo na campainha, vemos que,
na outra mão, ele esconde uma arma nas costas.
ONO Ding dong
Obs.: ONO quer dizer Onomatopeia
```

E assim por diante. Isso me tomou tanto tempo para digitar quanto se leva para ler, mas você captou o esquema: os *beats* dramáticos e alguns momentos visuais ficam isolados e selecionados porque transmitem o fluxo narrativo e dramático da história para um desenhista que vai escolher seus planos (ou vai aceitar minha sugestão, se houver) e produzir uma sequência de imagens, tendo em mente o momento, o quadro, a imagem, o fluxo. As falas isoladas correm embaixo para que o desenhista saiba quanto espaço reservar para palavras, e é isso. "Introdução aos quadrinhos ao modo McCloud", certo?

Mas o Estilo Marvel com o David [Aja, o desenhista de *Gavião Arqueiro*] era mais assim:

```
PÁGINA UM

O.k., David, nessa página para um carro
na frente duma casinha suburbana e
NERVOSÃO sai dele meio que rindo sozinho.
Ele se esgueira até a porta da casa,
quem sabe ajeita a gravata. Ele tem,
tipo, sangue nas unhas. Ele confere
por cima do ombro, bate na porta. Aí a
última imagem na página tem de ser:
a gente vê uma ARMA NAS COSTAS DELE.
"Chegamos", ele diz, em algum momento,
para ninguém. Quem sabe ele vai dando
risadinhas até a porta. ASSASSINO
NERVOSÃO ESQUISITO chegou para DETONAR,
David. O.k.
```

E aí passo para a página dois. Meus roteiros são superinformais. Ninguém além do desenhista e do letreirista vai ler, então por que não deixar divertido para a leitura deles?

Optei por roteirizar *Gavião Arqueiro* para o David desse jeito por vários motivos. Primeiro: as páginas de que mais gostei da nossa fase em *Punho de Ferro*, que era escrito em Roteiro Completo, sempre apareciam quando ele desviava – com toda a polidez e respeito – do que estava no roteiro, fazia uma coisa mágica, e depois achava o caminho para voltar ao esperado. Então comecei a escrever para ele de maneira cada vez mais solta, para que tivesse cada vez mais liberdade. E ele sempre mandava bem. "Mandava bem" quer dizer que fazia uma página sensacional que me deixava com cara de mais inteligente do que sou. Segundo: sem desmerecer outros colaboradores do David, muitos dos quais sou fã, jamais gostei *tanto* do trabalho dele como quando a gente trabalhou junto em *Punho de Ferro*. E todo mundo passava Roteiro Completo pro David. Então, tipo... de repente pipocou uma lampadazinha. Terceiro: roteirizar Estilo Marvel me dá um medo do cacete. É a antítese do que a gente aprende como roteirista. Exige confiar, dividir, contar com seu parceiro – e aqui ele é seu parceiro, é só você conferir na página de créditos – e acreditar na colaboração acima de tudo. E é fácil perceber que o Estilo Marvel pode ir ladeira abaixo quando você chega a "PÁGINAS SETE A NOVE: Os dois brigam".

Comecei a fazer experiências com Estilo Marvel *justamente* porque ele me assustava e, quando me assusto, fico animadaço. Essas coisinhas, esse trampo é o melhor do mundo. Mas às vezes massacra. Ele arrasa com seus pulsos, torce sua coluna, seca seus olhos, desgasta os dentes, engorda a pança. Empolgação e perigo, embora sejam parcos comparados ao que, digamos, um bombeiro encara todo dia, é coisa importante no seu trabalho.

Além disso, achei que ia me poupar tempo. Achei que eu ia poder fazer meu serviço praticamente em prestações; que eu conseguiria soltar um argumento em três ou quatro dias e botar uns diálogos umas semanas depois, mais um dia, dois. Porque, veja bem, deu certo pro Stan, não deu? E ele e os parceiros dele – *parceiros* – criaram só o danado do Universo Marvel. Mas, por último, é tudo culpa do [ex-editor-chefe e atual diretor criativo da Marvel Comics] Joe Quesada.

Deixa eu divagar um pouquinho aqui: Joe Q. é um cara muito legal. Grande desenhista, grande chefinho, grande pai, grande figura. E *amo* conversar com ele sobre a arte da arte, porque ele é bem rodado, tem histórias para contar, uma cabeça cheia de boas ideias e... e é só você ficar um minuto e meio com ele que você entende exatamente por que o Joe merece tudo que tem, e ainda deixa você feliz. Enfim, uma noite o Joe está lá aporrinhando Brian Michael Bendis numa BarCon. BarCon é a "con" que acontece no bar do hotel oficial da convenção em que você estiver, literalmente toda noite em qualquer convenção de todos os tempos. E aí o Joe vem dizendo que o domínio que a Marvel tem há décadas nos quadrinhos vem do poder de fogo visual indiscutível dos nossos pais fundadores, que o estilo visual da Marvel é tão chave dos sucessos quanto a aranha radioativa. E, se você duvidar, é só ver como se fez o roteiro nos momentos-chave na história da editora: Estilo Marvel. Brian deu um berro de ofendido: "Isso não é roteiro, isso é texto barato, isso é preguiça. Quando você cede o controle para outra pessoa escolher cada momento, você tá brincando de Frankenstein..." E falou e falou. O Joe provocando, o Brian explodindo e o Joe só rindo.

Joe Quesada ama a família, os Mets, os Beatles, a Marvel e aporrinhar o Bendis, nessa ordem.

Mas percebi, enquanto ouvia a briga de mentirinha dos dois, que eu estava ficando nervoso. Só de *pensar* no Estilo Marvel, só de fingir que eu ia tentar escrever desse jeito, mesmo que fosse *uma* história curta, aquilo me deixava, *eu te juro*, nervoso. Muitos dos meus gibis preferidos tinham sido

Desenhos de David Aja

feitos por quadrinistas solo – Eisner, Hernandez, Brown, Clowes, Chaykin. E quanto mais eu pensava naquilo, mais me vinha à mente: como é que eu poderia escrever uma coisa que esses caras faziam sozinhos? Não tem como. Não teria como um roteirista tirar *American Flagg!* do Chaykin – a não ser que dessem um roteiro Estilo Marvel e o tratassem como parceiro, tão envolvido na narração quanto o roteirista.

Por isso eu sabia que precisava tentar.

Essa HQ tinha sido escrita na marra. Toda fora de ordem. Não porque eu quis assim, mas... porque o Time Gavião não faz nada do jeito fácil.

Sei que boa parte da lição do Brian neste livro é que o único jeito que você tem de seguir é o *seu*. Que o *seu* jeito é o *jeito certo* e que todo o resto é obstáculo, mas... por favor, pelamor, não faça assim. É assim que *eu* sei como se faz *Gavião Arqueiro*.

Minha proposta inicial de *Gavião Arqueiro* acabou sendo publicada nas edições 4 e 5 da série. É o nosso primeiro enredo de dois capítulos e é bem diferente da edição que vem antes e da que vem depois; tem viagem inter-

Desenho de David Aja

Desenhos de David Aja

O ROTEIRO MODERNO DE HISTÓRIAS EM QUADRINHOS 55

ACIMA E PÁGINA DA DIREITA
Desenhos de David Aja

nacional, cassinos cheios de *glamour*, conluio internacional do mal. Clint Bond, ele mais de *smoking* que de supertraje. A Marvel topou – lembre que a gente só precisava fazer umas nove edições –, mas voltei atrás. Não colou. Quando sentei para escrever, não colou, e tive de cair fora. Eu tinha uma história, não uma série. Travei.

Aí, uma noite, fiquei pensando em Jim Rockford e nos *Vingadores* – nos britânicos, sabe? – sei lá por que, e encontrei minha série.

Então tive de *repropor*. Dei sorte, toparam, mas todo mundo me achou doido. Enfim.

Eu ia escrever roteiro Estilo Marvel para o David. Todas as histórias iam ser de uma edição, às vezes duas. A série ia ser sobre o que o Gavião Arqueiro faz quando não está sendo um Vingador, porque, quando me passaram a série, Clint Barton estava *por toda parte* e eu não queria pisar nos calos de ninguém. Deixem-no para mim nos dias de folga. Ia ser uma coisa mais urbana, mundo real, o cotidiano banal com uma estrutura complexa que seria bom para quem quisesse reler. Então, pois é, talvez tenhamos uma edição em que o Clint tenta comprar fita-crepe, mas ela começa com uma perseguição de carro, aí volta dois dias, aí corta de novo pros carros, e vai e vem e vem e vai. E ele ia ter uma espécie de aprendiz/parceira, que ia ser uma garota chamada Kate. Uma *dupla*.

Aí escrevi a primeira edição. E mandei. E meu editor disse o que eu já esperava, já suspeitava: "Isso parece a edição 2." E ele tinha razão. Era tanto sobre a Kate quanto sobre o Clint, e a série é do Clint, então voltemos para a prancheta.

Aí escrevi o que virou a edição 1. Dessa forma, mentalmente, para mim a ordem de *Gavião Arqueiro* é 4, 5, 2, 1. Em termos físicos, em termos do que foi digitado e faturado de fato, *Gavião Arqueiro* foi 2, 1, depois 4 e 5 – porque foram para um artista convidado – depois a 3, depois a 6. Você vai sair de cabeça detonada se tiver de fazer mais que isso, falando sério.

GAVIÃO ARQUEIRO NÚMERO 6

O número 6 foi um avanço por vários motivos. O primeiro foi que, nesse momento, havia outras cinco edições e elas tinham sido escritas fora de ordem e foi difícil eu acompanhar o que estava acontecendo onde e quando.

Eu sabia que o número 6 ia ser uma edição de dezembro e sempre quis escrever uma história de Natal. Então decidi que seria a edição de fim de ano. E eu queria fazer uma história em que o Clint tinha de instalar o aparelhinho de TV por satélite, mas tudo atrapalhava. Por algum motivo essas duas linhas de pensamento se misturaram na minha cabeça.

Eu não estava brincando quando falei que esse trampo acaba com suas mãos e pulsos. Acrescente eu ter largado a faculdade de Artes, que tenho saudade dos meus bloquinhos de desenho e que, desde que comecei, sempre escrevi meus gibis no bloquinho mais furreca. Em parte para não ficar só digitando, em parte porque gosto da sensação do grafite na página, em parte porque passei a vida pensando e resolvendo problemas rabiscando em bloquinho.

Eu queria entender como cheguei ao meu novo salto intuitivo, mas acho que foi só isso – como tanta coisa nos meus roteiros, sobretudo *Gavião Arqueiro*, tudo é intuitivo. Peguei um papel e dobrei ao meio. No alto, escrevi o número da edição e o título. Na esquerda, escrevi de 1 a 20 para representar cada uma das vinte páginas das primeiras cinco edições, e aí redigi uma frase curta ou locução que contasse o que aconteceu em cada página. Eu precisava saber, de relance, como estava dando ritmo na série. E, se eu quisesse conferir, humm, quantas páginas teve aquela cena de luta na página 3, era só consultar minha tabelinha e pronto. Eu podia deixar aquilo na última página do bloquinho, ver quando eu quisesse, seis meses de cada vez. Perfeito.

Seja lá por que, continuo escrevendo *Gavião Arqueiro* desse jeito. Faço esse *layout* das últimas edições e das próxima edições, mesmo que eu só tenha uma ideia para a capa e para o título (se já tenho o título, é porque tenho uma vaga noção do que vai ser a história), e confiro como é o fluxo de uma para a outra. Veja a tabelinha do número 6, a seguir.

Eu me dei, ao acaso, seis dias para entregar a história. (Há uma música do DJ Shadow chamada "Six days" que virou clipe do diretor Wong Kar-Wai, e gosto tanto da música quanto do clipe, e gosto de seis dias como um bom naco de tempo. Já notei que isso aparece muito no meu trabalho.) E aí, em algum momento do meu roteiro, percebi que todos no mundo real têm de suportar o fim de ano juntos, então pensei: "Beleza, vamos descobrir que dia sai nosso gibi, a história começa nesse dia, e seguimos pelos dias do mês." Mas eu já tinha começado numa quinta-feira ou coisa assim, então tive de refazer tudo, e ficou confuso.

Conforme eu ia descendo a lista, a coisa complicava. É só você ver as margens que vai perceber que perdi o aspecto de tempo real, os dias de verdade, como tudo se encaixa. Então eu tinha de ficar linear para não perder a sanidade, nem mais nada.

Ali sou eu tentando resolver os seis dias só para ficar atento – mas, quando você decide que a história vai ser assim, com cronologia não linear, de repente tudo é importante. "A luta foi de noite? O.k., então na manhã seguinte ele tem de estar *aqui*, e detonado. Mas se... opa, peraí, ele precisa estar *lá* também. Então quem sabe a luta tenha sido na noite *anterior*, tipo à 00h01, e isso quer dizer que faz umas quarenta e oito horas desde..."

Enfim, a aritmética toda foi estranha. Você vai ver, no roteiro, que acrescentei *as horas* para ajudar David e Matt Hollingsworth, nosso gênio das cores, na forma como eles iam encenar tudo.

Com a minha meia-folha pronta, era hora de escrever minha versão do Estilo Marvel para o David.

Meus roteiros Estilo Marvel na real são, para ser sincero, uns 15% menores que um Roteiro Completo usual. Às vezes têm falas. E, se a página tem, digamos, seis parágrafos curtinhos, você já sabe quantos quadros estou pensando para ela. Mas é o máximo de Estilo Marvel a que eu chego. Funciona para nós. Por exemplo: usar a página como Calendário do Advento. Esse negócio de usar o Calendário do Advento como design veio total do David. Como eu disse: confio que ele vai se aplicar tanto na narrativa quanto eu, e ele faz umas coisas em que eu nunca ia pensar, que dirá conseguir explicar para o desenhista num roteiro.

Anotações de Gavião Arqueiro n.6

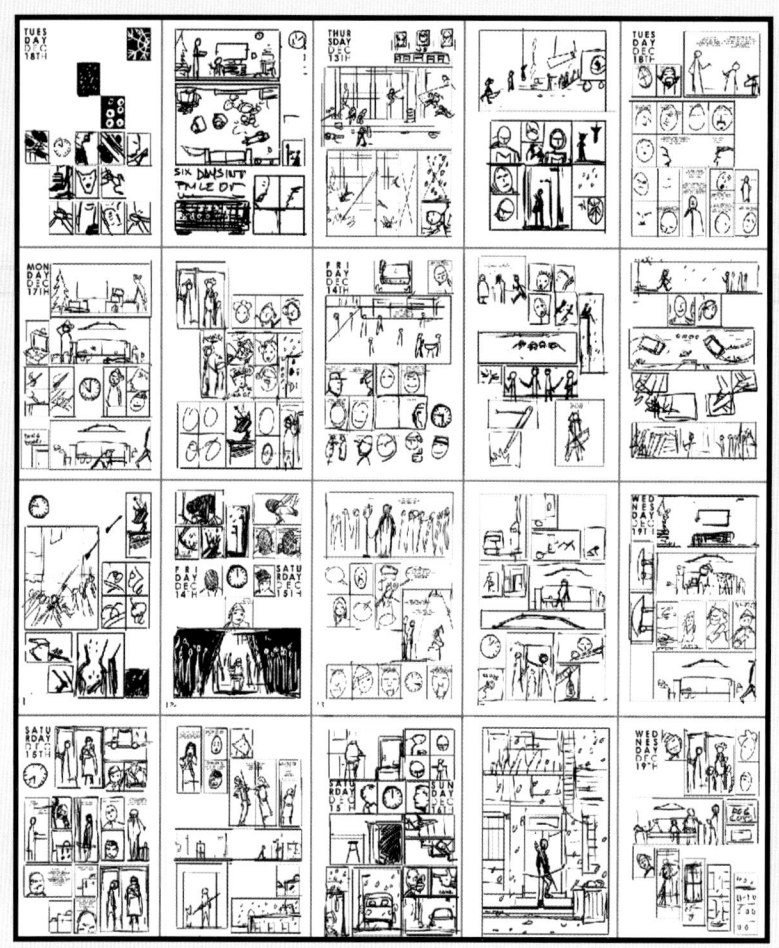

Desenho de David Aja

PROCESSO ARTÍSTICO

A partir do meu roteiro, David faz miniaturas – e são as miniaturas mais trabalhadas que você pode imaginar. *Todo* o trabalho pesado do David se resolve nas miniaturas. São uns estalinhos de pura ciência. Não que a tinta no papel não seja importante, mas o raciocínio dele é soberano a tudo e dá para ver nos *layouts*. É a meia-folha dele, por assim dizer. O trabalho pesado acontece ali.

Então pego os *layouts* e revejo as falas da melhor maneira possível. As cenas podem crescer, mudar ou se transformar em relação ao que escrevi, ou posso fazer umas anotações, somar coisas, tirar coisas. É ótimo – enquanto consigo dizer o que se passa, no caso. O que não acontece sempre.

Aí o David amplia as páginas com sua marcação de letreiramento. Por "marcação de letreiramento" quero dizer que ele faz as letras da série, bem por cima, mas por completo, para eu ver onde preciso aparar e ele ver como as palavras funcionam no quadro. Ele manda isso de volta e, a partir disso, deixo meu roteiro mais enxuto.

Desenho de David Aja

Assim que a arte do David recebe o o.k. do editor Steve Wacker, ela volta para o David e para o colorista Matt Hollingsworth, que, nos bastidores, estão conversando sobre o esquema cromático da edição. Numa série em que a linha temporal varia de forma tão brusca e estranha, a cor é uma chave para o leitor se orientar. Nossos leitores são espertos; sempre entendem. Em boa parte isso se deve ao Matt, que faz coisinhas sutis, quase invisíveis, para que você entre na nossa sintonia. Eu poderia falar mais um monte sobre isso, mas não cabe a mim; deixe-me só dizer que há uma parte absurda da narrativa que acontece nas cores da nossa série.

O ROTEIRO MODERNO DE HISTÓRIAS EM QUADRINHOS

Aí ajusto o letreiramento até o pobre Chris Eliopoulos (letreirista de *Gavião Arqueiro*) querer me matar e o gibi ter de ir para a gráfica. Espere duas semanas e *voilà*!

Alguma coisa de certo a gente está fazendo.

```
PÁGINA TRÊS — SEXTA 20H30

3.1 QUADRO PRETO COM TEXTO:
TEXTO           NATASHA:
A Esposa do Trabalho.

3.2 EM ALGUM LUGAR DA MANSÃO cheio de MÁQUINAS: UM MONTE DE MONITORES
DE COMPUTADOR TRANSLÚCIDOS E CURVADOS iluminam NAT enquanto ela
trabalha em altíssimos níveis de concentração, do nível ex-KGB. UMA
TELA tem a CARA DE CHERRY.
NATT            peguei.
NAT             MUITO PRAZER…

3.3 GRAND CENTRAL STATION: CHERRY caminha em meio a uma multidão
preta e cinza vestindo um VERMELHO gritante, um casaco-capa vermelho
comprido e um chapeuzão com a ABA cobrindo um dos olhos. Mesmo
que seja noite, ela está de ÓCULOS ESCUROS; ela leva uma bolsinha
preta, BOLSA DE MÃO talvez. UM CABINEIRO lhe entrega uma PASSAGEM
DE TREM.
REC (NAT, OFF) "… Darlene Phyllis Wright."
CABINEIRO       Aqui está, senhora Wright.
CHERRY          Mm.
```

ACIMA E PÁGINA DA DIREITA
Roteiro de *Gavião Arqueiro* por Matt Fraction, desenhos de David Aja

3.4 INSTANTES DEPOIS. Vemos a multidão de passageiros cinza e preta passar pelo grande relógio da Grand Central; o vermelho claro de CHERRY se destaca entre eles, e ela caminha rumo a uma placa que diz PLATAFORMAS SUBTERRÂNEAS.
O HORÁRIO é 20h48.
HÁ MAIS UM MOMENTO VERMELHO aqui — O CABELO DE NATASHA. ELA está na direção a que CHERRY se dirige, sem ser vista.
REC (CABINEIRO, OFF)   "O trem sai às NOVE da linha 26."

3.5 NATASHA olha PARA NÓS, os braços cruzados sobre o peito, não leva desaforo para casa.
SEM FALAS

3.6 CHERRY caminha pela multidão, cabeça abaixada, torcendo para que ninguém a note.
SEM FALAS

COM O FOCO EM: ED BRUBAKER

Ed Brubaker, ganhador de múltiplos Prêmios Eisner, e eu entramos nos quadrinhos exatamente no mesmo momento, na mesma editora, e nós dois publicamos quadrinhos autorais por lá. Só viríamos a nos conhecer anos depois (embora eu sempre tenha sido fã do trabalho dele, e ainda seja). Entre suas obras estão *Sleeper*, *Scene of the Crime*, *Gotham City contra o crime*, *O imortal Punho de Ferro*, *X-Men*, *Fatale* e *The Fade Out*. Fiz esta entrevista quando Ed ainda estava em sua passagem icônica e lendária por *Capitão América*, que inspirou o longa-metragem *Capitão América 2: O Soldado Invernal*.

Vamos conversar sobre escrever em dupla.

BRUBAKER: No caso de Greg Rucka e eu, em *Gotham City contra o crime*, sempre achei que estávamos praticamente no mesmo patamar. Nós dois já tínhamos feito roteiro para um monte de gibis, um conhecia o roteiro do outro e tínhamos conversado o bastante para saber que estávamos totalmente sintonizados. Além disso, sempre achei o Greg mais organizado que eu. Quando fazíamos nossas reuniões de argumento, cada um ficava jogando suas ideias e eu ouvia o Greg digitando de fundo e aí, assim que a gente desligava o telefone, dois minutos depois, eu recebia um e-mail com o resumo da edição que tínhamos acabado de montar e, assim: "Essa cena é sua. Essa é minha." Por isso eu considerava o Greg mais a pessoa que montava o esboço da trama, e senti que em *Punho de Ferro* [um épico de artes marciais que reinventou Danny Rand, o homem com o punho de ferro, para a era moderna, escrito por Ed Brubaker e Matt Fraction] eu devia ser a pessoa a montar o esboço da trama.

De certa forma eu me sentia o supervisor do Matt. De certa forma, eu o estava refreando. Ele tinha tanta ideia mais doida que as minhas que, quando a gente conversava, eu era meio que a tesoura das ideias. Eu dizia: "Bom, a gente precisa fazer isso, isso e isso na série." E aí o Matt continuava: "Pois é, eu tenho essa ideia doida pra uma imagem irada." E eu respondia: "Tudo bem, mas onde que isso se encaixa na trama?" É interessante ver, porque o Matt é muito das ideias doidas para ir pendurando na trama. Ele estava muito mais acostumado a escrever histórias fechadas, como *graphic novels* ou coisa do tipo. Na época, ele não era acostumado a escrever narrativa em episódios, quando você tem de ir armando o terreno, criando a base.

Faz parte de saber dividir.

BRUBAKER: Exatamente. Ele teve de aprender muito com relação a dividir os brinquedinhos, quando tiraram os brinquedos da mão dele e disseram para brincar com outro. Aliás, foi muito divertido. E o Matt é bem mais novo que eu. Ele tem oito ou nove anos a menos, e cresceu lendo gibis totalmente diferentes dos que eu lia.

Deixe-me tirar uma dúvida: algum dia você vai voltar a desenhar, ou você só desenha quando ajuda no roteiro?

BRUBAKER: Eu me acho mais roteirista. Comecei desenhista e passei a fazer roteiro só para ter o que desenhar, quando era garoto. Mas acho que, quando eu tinha vinte e poucos e comecei a fazer roteiro para outros, tipo quando escrevi *An Accidental Death* para o [Eric] Shanower e mais umas coisas na Dark Horse, comecei a perceber que era muito mais fácil para mim, e de certa forma mais gratificante, eu escrever uma história. E havia um monte de histórias que eu tinha na cabeça e que queria escrever, mas que nunca me imaginaria capaz de conseguir desenhar. Além disso, sempre achei que desenhar era uma coisa divertida quando se chegava ao fim, principalmente se eu conseguia entregar um serviço mais ou menos decente. Sentar para desenhar sempre foi uma coisa que me doeu. Até quando era garoto, tudo que eu queria era só fazer gibi - nunca fui dessas pessoas que só desenham. Eu não tinha bloquinho de desenho, nem usava livro de colorir nem

Desenhos de David Aja

nada desse tipo. Na minha vida inteira, tudo que fiz foi desenhar gibi, mesmo quando eu tinha só três ou quatro anos. Quando sentava para desenhar, eu fazia quadradinhos na página e contava uma história. Por isso acho que, para mim, sempre foi uma coisa mais de contar histórias. De vez em quando ainda desenho. É estranho de falar, mas vez ou outra sento e rabisco alguma coisa, como uma ideia de capa ou coisa do tipo. Talvez em algum momento, quando eu for mais velho e tiver mais tempo, e quem sabe tiver quitado minhas dívidas, aí pode ser que eu pense em desenhar de novo. Mas o tipo de coisa que eu gosto de desenhar hoje é muito mais simples do que o que eu costumava fazer. Eu queria criar um estilo de desenho bem simples e ficar só nele. Mas inventar um estilo muito simples é bem mais difícil do que inventar um muito detalhado. No Charles Schulz, no Dr. Seuss, qualquer um desses artistas que tinha estilo bem simples, tem muito mais por trás. É muito mais difícil desenhar daquele jeito e ficar bom, por causa da economia do traço.

Desenho de Steve Epting

Capitão América

ESBOÇO DA PRIMEIRA EDIÇÃO:

PRÓLOGO (três ou quatro primeiras páginas)
Cinco anos atrás – um bunker secreto na Rússia. Um general soviético que já teve mais importância – **Aleksander Lukin** – encontra-se com o Caveira Vermelha.

Lukin está liquidando artefatos da URSS, armas do mercado negro e planos para coisas que eles nunca tiveram como levar adiante. Ele e o Caveira foram aliados relutantes durante algum tempo, cada um usando o outro para benefício próprio. Mas as visões de mundo dos dois não são tão distantes – afinal de contas, o socialismo de Stalin era tristemente muito próximo do fascismo.

Enquanto o Caveira vai conferir as últimas mercadorias numa instalação subterrânea recém-descoberta, o General Lukin o observa com olhar de desprezo. O Caveira percebe algo nas sombras, mas não conseguimos ver o que é – uma forma humana flutuando num tubo de estase, alguém no gelo, e em primeiro plano só conseguimos distinguir o que parece um braço mecânico. O Caveira tira uma camada de pó para ver o homem lá dentro mais de perto (nós não conseguimos ver) e fica estupefato. "É o que parece?"

E Lukin responde: "Sim, de fato é. Tenho conferido os documentos que meu antecessor, o General Karpov, deixou a respeito desse indivíduo. Aparentemente ele foi de extrema utilidade durante a Guerra Fria. Karpov o chamou de arma secreta contra os EUA."

"Quanto você quer por ele?"

"Não, camarada Caveira, melhor não. Tenho meus planos para esse item. A não ser, é claro, que você se disponha a negociá-lo pelo Cubo Cósmico."

E eles começam discutir sobre o cubo, que o Caveira garante que em breve terá em mãos, mas nunca entregaria a ele, pois, assim que conseguir, o Capitão América vai ao chão e depois será a vez do mundo... aquele discursinho de sempre do Caveira Vermelha, que vamos seguir bem à risca...

A HISTÓRIA PRINCIPAL
E aí chegamos a cinco anos depois, em tempo real, quando o Caveira finalmente põe as mãos no Cubo Cósmico. Mas o cubo está quase sem poder, precisa ser carregado, e o Caveira está armando os planos para abastecê-lo da maneira mais horrível que há, que envolve a morte de vários norte-americanos.

Acompanhamos o Caveira apresentando seu plano maligno e temos uma noção do panorama, pelo menos no que diz respeito à vida do Capitão América. Vemos o Capitão vivendo a vida de herói, depois ele sem uniforme, sem saber que seu mundo está prestes a desabar porque o Caveira está com a mira apontada para ele. O Caveira é o narrador da história principal, demonstrando todo o ódio que nutre pelo Capitão e por tudo que ele representa. Zombando dele por ter entregado sua identidade secreta, por facilitar que outros o encontrem. E, através da vigilância do Caveira e do que ele fala, ficamos sabendo tudo que temos de saber sobre o Capitão e sobre Steve Rogers – vemos Rogers pondo velhos discos de 78 rotações para tocar e batendo o pé, ouvindo programas de rádio do Sombra em CD – temos a ideia do homem deslocado no tempo, e também temos o pano de fundo dessa tragédia: vemos a morte de Bucky, vemos o Capitão congelado no gelo até todos seus amigos de infância virarem idosos. Vemos o mundo ao seu redor envelhecer, e aí tomamos distância.

Então focamos no Caveira numa cobertura em Nova York, prestes a encaixar a última peça para ativar seu plano. Ele recebe uma ligação de Lukin e eles começam a discutir de novo. Aparentemente, eles tiveram uma desavença descomunal nos últimos cinco anos. Lukin ainda quer negociar o cubo,

Proposta Capitão América – 1

Proposta escrita de *Capitão América*

ACIMA E PÁGINA DA DIREITA
Desenhos de Steve Epting

Vamos falar de quando você sabe que as coisas estão dando certo, em termos criativos. Existe uma coisa que é confiar no instinto e outra que é perguntar pro mundo: "Meu Deus, alguém me diz se sou muito ruim? Por favor!"

BRUBAKER: Veja um cara como o Peter David (*Incrível Hulk, Jornada nas estrelas*), que na minha opinião é hoje um escritor melhor do que era antes. Eu leio os gibis dele, e também lia vinte anos atrás, quando ele fazia *Incrível Hulk* com o [Todd] McFarlane. Eu olho para ele e vejo que é um dos únicos caras daquela geração que percebeu que os quadrinhos evoluíram, o jeito como se apresentam as histórias em quadrinhos aos leitores mudou, e ele não ficou insistindo em fazer a mesma coisa que fazia lá nos anos 1980. Ele se deu conta de que, tipo, "Certo, agora a estrutura das histórias é outra. Agora o foco está mais em edições comerciais baratas. Dá para ser mais maduro com relação a isso." Poucos dos outros caras que estavam no auge quando ele estava no auge ainda estão por aí. No fim das contas, sei lá. Nunca fui muito de atingir metas no grande esquema das coisas. Só quero continuar trabalhando no que trabalho.

Veja só: o Capitão [América] sempre foi meu personagem preferido. Foi uma coisa muito diferente do que trabalhar, por exemplo, com *Batman*, que tem mais umas cinco séries mensais. E aí consegui trabalhar com *X-Men*, e até que me diverti bastante e cheguei a um público muito mais amplo do que eu conseguiria trabalhando em séries autorais bem parecidas.

Só quero ter segurança de que não vou começar a fazer um trabalho malfeito. Quero conseguir olhar pros meus roteiros e ter certeza de que consigo fazer melhor. Quero continuar nisso e quem sabe chegar mais longe. Estou cansando de ficar com o prazo batendo na bunda em tanta coisa que escrevo.

Eu queria ser mais como você e o Brian K. Vaughan (*Y: O último homem, Saga*) e esses caras que se adiantam um monte nos projetos. Eu costumava ser bem adiantado, mas em algum momento fiquei para trás e a coisa tem sido só um "entro em dia, aí me atraso, aí entro em dia, aí me atraso mais".

Sua passagem por *Capitão América* é considerada definidora do personagem. Mas não é porque os outros acham que você também acha. Quais são suas perspectivas hoje? É seguro dizer que você realizou o que queria na série?

BRUBAKER: Bom, acho que minha sensação com *Capitão* sempre foi a de que, quando se pega uma série dessas, você deveria ficar pensando no que mais gosta nela. Não dá para pegar um serviço tipo *Demolidor* sem pensar: "Bom, é óbvio que uma das coisas que mais gosto é o Frank Miller e 'Queda de Murdock' e tudo mais." Então tem isso. Mas, se *Demolidor* tivesse se desviado muito desse caminho, uma das primeiras coisas que você faria quando assumisse a série seria ver onde ela está, e onde ela estava quando você mais amava, e dizer: "Então, como consigo recuperar um pouco daquilo sem recauchutar a ideia?" A meu ver, *Capitão América* foi uma coisa bem de instinto, pois, mesmo que tenha só três edições, minha fase predileta de todos os tempos de *Capitão América* é a do [Jim] Steranko.

Ah, eu amo.

BRUBAKER: Claro que você ama. Aquela e a fase do [Steve] Englehart com o Sal Buscema, que era o que eu comprava em banca quando tinha cinco anos, essas duas são minhas prediletas do Capitão. E eu só ficava pensando que o passo em falso que tinham dado com *Capitão América* antes do nosso relançamento era que a série tinha se distanciado demais do Universo Marvel.

Fiquei pensando que tinha como fazer esse tipo de história e também mostrar o Capitão no mundo moderno, que lida com as pressões de uma guerra ao terror e com a maneira como os EUA vêm se sentindo. Dá para fazer uma série que tenha uma pegada mais *24 horas*. Mas você faz com que se passe no Universo Marvel. Não precisa botá-lo dando uma porrada na

ACIMA E PÁGINA DA DIREITA
Desenhos de Steve Epting

cara do Osama Bin Laden. Você o põe encarando a Hidra e a IMA e essas coisas que são puro Universo Marvel. E isso me ocorreu só de ver aqueles números do Steranko, que também acho que são as edições mais tristes de *Capitão América*, quem sabe de todos os tempos.

Melhor conselho que já lhe deram?

BRUBAKER: O melhor conselho que já recebi foi quando eu tinha dezesseis anos. Conheci [o lendário roteirista/editor] Archie Goodwin numa convenção e ficamos conversando sobre Alan Moore [*Watchmen*]. Falei que eu gostava muito das histórias do Alan Moore porque para mim elas pareciam muito à parte, muito originais. [Goodwin] me disse, em resumo, que as histórias do Alan Moore não eram boas por serem originais, e que originalidade é uma coisa supervalorizada. Ele me disse que só existem umas cinco histórias nesse mundo, e o que faz seu trabalho ser interessante é o jeito como você conta essas histórias.

Achei que só existiam três argumentos. Vou ter de pesquisar os outros. [Risos]

BRUBAKER: É, você vai ter de achar os outros dois, vai expandir seus horizontes. [Risos] Mas acho que é o melhor conselho que já recebi sobre roteiro. Eu tenho outro [conselho]. Cresci em San Diego, por isso sempre ia às convenções como fã, fazia as oficinas e tal, essas coisas que hoje em dia eu e você fazemos como profissionais. Mas lembro do Mark Evanier [roteirista/biógrafo de Jack Kirby] numa oficina de roteiro. Ele queria que cada um lá apresentasse uma proposta de história e teve um cara que disse: "Eu não vou mostrar uma história pra você. E se você for traíra e roubá-la de mim?" Aí Mark Evanier começou a rir e disse: "Olha, meu, se você só tem uma história e sente tanto medo assim de que eu vá roubá-la, você nunca vai dar certo como escritor." Sempre me lembro disso.

Tem a ver com essa coisa da originalidade ser supervalorizada e não ficar pensando que a sua história é uma pedra preciosa oculta, que você é a única pessoa que sabe que ela existe. Putz, olha só *O código DaVinci*, que é praticamente um cara que escreveu uma história de detetive a partir da mesma história existente em *The Holy Blood and the Holy Grail* [*O Santo Graal e a linhagem sagrada*] e mais um zilhão de livros.

Acho que essa era a trama número quatro, aliás.

Após a realização da entrevista, Ed Brubaker abandonou as grandes editoras de quadrinhos para trabalhar com TV e cinema, e roteiriza apenas quadrinhos autorais. Ele produz as séries *Fatale* e *Velvet*, ambas aclamadas pela crítica.

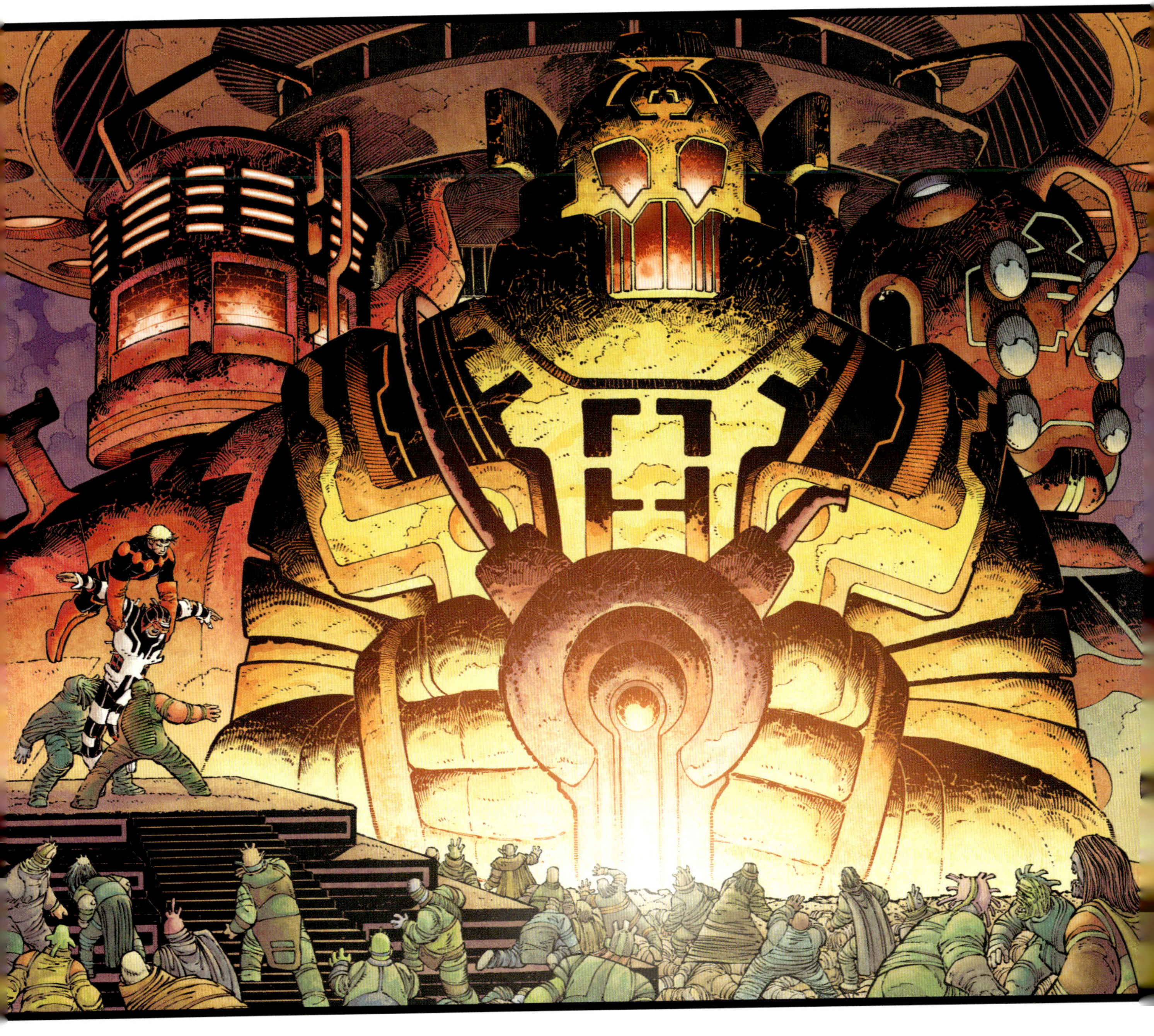

CAPÍTULO 3

ROTEIRIZAR PENSANDO NO DESENHISTA

UMA PERGUNTA QUE VOCÊ DEVIA SE FAZER: QUANDO SE É roteirista de gibis e *graphic novels*, qual é a função do seu roteiro?

Essa é das mais importantes, então anote: a função do seu roteiro é transmitir sua história, imagens e personagens com clareza… *ao desenhista*.

Seu leitor nunca vai ver seu roteiro. Há grandes chances de que ninguém mais nesse mundo vá botar os olhos no seu roteiro. Se você é autor de literatura, o.k., sim, cada palavra que você escrever vai ficar à mostra para o mundo inteiro ler. Se você é roteirista de *graphic novels*, é só uma meia dúzia de pessoas nesse mundo inteiro que vai ver seu roteiro. Dependendo das circunstâncias, a soma total de plateia do seu roteiro pode ser redondamente *uma* pessoa. *Só uma*.

Para muitos de vocês, sua equipe criativa consiste em você e seu amigo, ou alguém com quem você tem uma sincronia criativa, alguém que faz tudo: todo o desenho, cores, letras, toda a parte de produção – uma pessoa só.

Ou, como diz Neil Gaiman, *seu roteiro é uma carta de 10 mil palavras ao seu desenhista*.

Se você trabalha no âmbito comercial, para uma Marvel ou DC, aí sabemos que a primeira pessoa que vai ler seu roteiro é seu editor.

Já são *duas pessoas*.

PÁGINA DA ESQUERDA
Desenho de John Romita Jr.

A função do seu editor, ou uma das funções dele, é garantir que seu roteiro sirva ao seu propósito. E esse propósito, como eu já disse, é transmitir história, imagens e personagens com clareza ao seu desenhista. O editor vai conferir se você foi claro. Ele também confere se você entregou o que prometeu que ia entregar e se fecha com a linha editorial da empresa que ele representa.

Além disso, se você trabalha no âmbito comercial, é provável que você trabalhe com alguma combinação de arte-finalista, colorista e/ou letreirista.

Com sorte, todos eles vão se dar o trabalho de ler o roteiro e garantir que vão fazer o melhor para transmitir suas intenções originais na página. (Nem sempre acontece, mas isso é assunto para outra hora.)

Então seu roteiro vai ser lido pelo desenhista, pelo editor, pelo letreirista, pelo colorista e pelo arte-finalista. *Cinco pessoas*. No máximo. Certo, quem sabe haja um editor-assistente.

Seis.

Seu público, não interessa quem você seja, não supera seis pessoas. Se a sua *graphic novel* vender um milhão de exemplares, o público do seu roteiro ainda vai ser de não mais que seis pessoas.

Mas isso não é motivo para desanimar. Isso não é ruim. Pelo que tenho de experiência, permita-me dizer que isso é uma ótima notícia. É muito mais fácil inspirar e entreter uma pessoa só, ou seis pessoas, do que um milhão. É bem mais fácil conhecer seu público quando ele consiste em seis pessoas.

Roteiristas escrevem para seus desenhistas. O maior erro que vejo os roteiristas de HQ cometerem é não saber que escrevem para o desenhista. E acontece a toda hora.

É um erro compreensível. Todo escritor senta na frente do teclado e começa a fantasiar que está escrevendo mais um *Star Wars*, mais um *Harry Potter*. Não há o que fazer. Dentro de todos nós existe um populista da cultura pop que torce, que reza para que o que esteja saindo das suas mãos seja *Buffy: A caça-vampiros*. E talvez seja. Mas a real é que você precisa conhecer seu público. E seu público não passa de seis pessoas.

Roteiristas de cinema estão num barco bem parecido. O trabalho do roteirista de cinema é lido, com sorte, por produtores e executivos, e, se os cineastas tiverem a sorte de a produção ser aprovada, dezenas, ou até algumas centenas de pessoas vão ler esse roteiro. Toda essa gente – cada uma delas – vai ler o roteiro para ter certeza de que sabe como dar conta do serviço.

E, claro, se você virar um roteirista famoso como Frank Miller ou Neil Gaiman, aí quem sabe um dia sua editora lance um livro de roteiros ou coloque seus roteiros no fim da sua *graphic novel*, como material extra.

Mas isso quer dizer que aconteceu muita coisa desde o momento em que você leu este livro até sua história ver a luz do dia.

Então, como escritor de roteiros, suas palavras só precisam informar, inspirar e divertir seus colaboradores.

INFORMAR, INSPIRAR E DIVERTIR

Você informa seus colaboradores com relação ao que eles têm de desenhar, letreirar ou colorizar.

Você os inspira a fazer, com sorte, o melhor trabalho da vida.

E, se você se dá o trabalho de fazer tudo certo, ler o seu roteiro será um prazer. Ninguém quer ler um monte de palavrinhas frias, nebulosas, intragáveis. Ainda mais seu editor. Ele tem de ler centenas de páginas todo dia. Tenho enorme satisfação em saber que ler meu roteiro, na maioria das ocasiões, não é um castigo.

Se o seu roteiro for claro, preciso e de leitura prazerosa, você faz a vida dos seus colaboradores ser tudo que eles queriam que fosse. Se o seu roteiro é mal pensado, confuso ou ingênuo com relação à arte da página de HQ, você deixa a vida deles um inferno.

Então, como você deixa seu roteiro inspirador e divertido?

Em primeiro lugar, independentemente do projeto em que eu esteja trabalhando (e eu fazia isso antes mesmo de me tornar conhecido), só começo a escrever quando sei a quem meu roteiro vai chegar. Não consigo nem imaginar escrever um roteiro sem saber quem vai desenhar.

Todo desenhista tem seus pontos fortes e fracos. Todo desenhista tem aquilo que faz melhor do que outra pessoa no mundo. Seu trabalho como roteirista é descobrir quais são essas coisas e escrever para eles. Às vezes são coisas óbvias. Em algumas ocasiões, os desenhistas conseguem lhe comunicar exatamente o que querem desenhar. Em outras, não. Há casos em que eles não sabem o que é melhor para eles mesmos.

Assim que descubro o nome do meu colaborador, vou atrás de amostras do trabalho dele. Se o desenhista é bem conhecido, é óbvio que é mais fácil. Se for seu amigo, melhor ainda. Mas às vezes a desenhista é uma carinha nova no pedaço, que não tem nada a mostrar fora os portfólios que apresentou. Não interessa o que se tenha, de todo modo. Vou estudar. Vou estudar com quantos quadros por página essa desenhista, consciente ou inconscientemente, está acostumada. O estilo dela tem uma presença bombástica na página? Tem um toque mais sutil? Quantos elementos ela consegue encaixar com tranquilidade num quadro, e numa página? Os rostos que ela faz são sensacionais? A anatomia dela é expressiva ou estilizada? O *design* da página tende para o fantástico ou para o pé no chão?

Existem mil coisas que você pode procurar no trabalho de outra pessoa para decidir como melhor direcionar uma história para ele ou ela.

E às vezes você pode conferir trabalhos de outros desenhistas e descobrir coisas que talvez nem eles saibam de si. Pode ser que você descubra aspectos desses desenhistas que vão levá-los a tomar uma rota criativa na qual eles nunca teriam pensado por conta própria... e eles vão adorar passar por isso, e adorar você por ter feito isso por eles. Em contrapartida, alguma coisa no trabalho do desenhista pode sugerir ideias e imagens que você, sendo roteirista, não teria como pensar por conta própria.

COMUNICAÇÃO

Comunicar-se também é uma coisa determinante.

Envie *e-mails*, telefone. Converse com seus colaboradores. Que sua política seja a porta aberta. Descubra o que eles estão a fim de desenhar e por quê. Em primeiro lugar, é possível que as respostas deixem você surpreso. Além disso, você vai descobrir que, se somar à sua história elementos pelos quais o artista tem paixão de verdade, esses desenhos serão os melhores que você já viu na vida. Não falo em comprometer seu ponto de vista; falo de pôr a colaboração em primeiro lugar.

Isso já me aconteceu muitas vezes. Uma vez eu estava no meio de uma trama em *Novos Vingadores* (uma versão moderna da franquia Vingadores, com Homem-Aranha, Wolverine e Luke Cage), quando perguntei a Mike Deodato, um colaborador fantástico, do que ele estava a fim e o que eu não estava fornecendo. Ele disse que queria desenhar dinossauros. Por milagre, consegui levar parte da história para um local onde o filho do Hulk e um dinossauro estavam brigando, pelo menos por algumas páginas. E vejam só: foi, na minha opinião, o melhor desenho de dinossauro que a Marvel já publicou em toda sua história.

Por isso, toda vez que estou no roteiro de um projeto com um novo colaborador ou equipe, faço minha pesquisa não apenas sobre a temática, mas também sobre meus colaboradores. Aí dou mais um passo.

Não peço ao desenhista para representar meu mundo; escrevo para o mundo deles. Eu literalmente fecho os olhos e imagino o mundo conforme eles o veem. Vejo os rostos que eles desenham, os prédios do jeito que eles desenham. Tento imaginar o desenho de HQ perfeito desse desenhista e escrevo focando nessa visão.

Tento deixar todo meu ego de lado e faço tudo que posso para deixar o artista brilhar o máximo possível.

Roteiro de *Novos Vingadores* 18

Página 2-3
Página dupla

1- Ext. Terra Selvagem- Manhã

Nas duas páginas. Maior parte da página. A vegetação abundante da Terra Selvagem.

Um dinossauro gigante é cavalgado e depois morto por SKAAR, o filho de Hulk. Ele já esmagou o crânio do dinossauro, destruindo-o com um soco.

O dinossauro inteiro toma a página dupla. De perfil, uivando para o alto. Como o último plano do dinossauro no primeiro *Parque dos dinossauros*.

Dizer: Terra Selvagem
Dizer: Ontem

      DINOSSAURO:
      Naarrgghh!!!

2- SKAAR dá uma volta no ar e um soco que põe o dinossauro no chão.

Ono: BUUM

      DINOSSAURO (CONT.)
      Duurkk!

3- A cabeça do dinossauro, com a luz de fundo de um sol obscuro, desaba no chão quando ele tomba por cima de si e na nossa direção.

Ono: FALUMP

4- *Close* em SKAAR. Ele está diante de sua presa caída. Vitorioso, mas não de todo contente.

      Norman Osborn
      (em *off*)
      SKAAR, filho de Hulk...

Trecho do roteiro de *Novos Vingadores* n. 18

Desenho de Mike Deodato Jr.

ROTEIRIZAR PENSANDO NO DESENHISTA 79

A RELAÇÃO

Com o tempo, você vai criar uma comunicação taquigráfica com alguns de seus colaboradores. Assim como você e seus amigos conseguem um terminar a frase do outro ou entender uma piada ou referência sem dizer uma palavra, o mesmo pode acontecer com um colaborador. Às vezes um entendimento rápido pode se criar na mesma hora, enquanto outras colaborações podem durar anos e esse entendimento rápido nunca aparece. Não é porque vocês não estão se acertando, mas porque estão ambos desenvolvendo vozes distintas. Com o passar dos anos, vocês talvez descubram que estão sempre um desafiando o outro em áreas distintas.

Mesmo que esta seja a coisa mais esquisita que eu já venha a admitir em público, vejo a relação entre roteirista e desenhista como algo tão íntimo quanto um encontro amoroso. Vejo muitos paralelos. Quando você está trabalhando em algo tão íntimo como a arte, mesmo arte feita por encomenda, às vezes parece… um namoro. E peço a todos os meus colaboradores que parem de ler agora.

Quando vocês começam a colaborar juntos, parece o primeiro encontro. Todo mundo bem comportadinho, o melhor de cada um. Um

ABAIXO E PÁGINA DA DIREITA
Desenhos de Michael Avon Oeming

tenta não interromper quando o outro fala. Aí vocês saem juntos outras vezes e ficam mais à vontade. Ficam mais soltos, mais livres, mais sinceros. De repente, ninguém tem medo de dizer o que pensa. Um de vocês diz que quer experimentar coisas diferentes. De repente vocês percebem que estão num relacionamento de anos e não havia como estar mais felizes.

Às vezes, quando o projeto termina, e quem sabe a colaboração entre vocês também, pode parecer que houve um rompimento.

Há ocasiões em que a colaboração pode ser tumultuada e o rompimento é inevitável. Um pode despertar o pior no outro, e todo mundo que conhece vocês faz de tudo para manter a maior distância possível um do outro. Às vezes vocês terminam a relação e dizem que ainda podem ser amigos. E outras colaborações podem durar anos, até décadas, conforme vocês pesam os altos e baixos que a vida lhes oferece.

Eu tive, e continuo tendo, relações criativas que começaram até antes de eu conhecer minha esposa e seguem até hoje. Outras relações criativas vieram e se foram, intermitentemente.

Aprendi muito sobre colaboração, e do jeito mais difícil. Quando comecei a fazer quadrinhos profissionalmente, eu era roteirista-desenhista. Na verdade, era o quadrinista *full-service*. Escrevia tudo, ilustrava tudo, fazia até meu letreiramento. Coloria as capas. Fazia a produção gráfica. Não tinha outra pessoa para fazer, então aprendi por conta própria. Antes

Desenho de Mark Bagley

do milagre do Photoshop, passei noites e noites na lojinha de fotocópia colando tudo à mão. Anos depois, quando comecei minha mutação de roteirista-desenhista para roteirista, tive de fazer grandes transições no jeito como contava histórias. Por causa disso, cometi grandes erros.

No meu primeiro projeto só como roteirista, escrevi o roteiro, aí sentei e desenhei a edição inteira com *layouts* bem elaborados (às vezes ia um pouco além das figurinhas de palito). Eu desenhava a edição inteira e entregava para o desenhista, independentemente de quem fosse, e dizia: "Toma, faz exatamente assim."

Tenho de dizer que meus primeiros colaboradores sempre foram muito educados com relação a aceitar os *layouts*. Alguns até ficavam felizes. Um deles me disse que só queria sentar na frente da TV e desenhar, e, quanto mais eu pudesse facilitar, melhor.

Mas não era para ser assim. Aquilo era errado.

Eu não os deixava se expressarem. Não confiava neles. Dizem que um bom diretor contrata atores e os deixa atuarem. Ora, então um bom roteirista deve deixar os desenhistas desenharem.

Eu não fazia aquilo por ser uma pessoa ruim, nem por ser (mais ou menos) megalomaníaco. A real é que, sendo roteirista/desenhista, eu não sabia onde o roteiro terminava de fato. Tudo era narrativa. O roteiro, os *layouts*, o desenho finalizado, as letras – cada pecinha fazia parte da história. Por isso que abdicar de parte dessa responsabilidade era difícil.

Mas, quando me passaram *Homem-Aranha Ultimate*, o desenhista veterano Mark Bagley, uma pessoa que eu não conhecia, me ligou depois de receber meu roteiro e *layouts* e, da forma mais educada e fina que aquele senhor tão cortês do Sul podia dizer, ele falou: "Hã, não faça isso. Essa parte é comigo. Eu sei que você não quis me ofender, mas dizer como tenho de fazer minha parte do trabalho é um pouco ofensivo." Ele disse aquilo com muita delicadeza, o que me deixou com ainda mais vergonha. Eu tinha saído da linha. Um erro de iniciante que eu cometia aos dez anos de carreira.

Na mesma época, eu era roteirista de uma série na Todd McFarlane Productions chamada *Sam & Twitch*. Era um drama policial, e tive a sorte de fazer parceria com um desenhista pelo qual eu tinha um respeito absurdo, um desenhista com quem eu queria trabalhar naquela série havia anos: Alex Maleev. Durante todo o tempo que passamos juntos, eu lhe entregava os *layouts* e ele aceitava com gratidão.

Depois que deixei a série (fui demitido), Todd McFarlane, o criador de *Sam & Twitch*, assumiu ele mesmo os roteiros. Pelo que me diz Alex, ele era o meu oposto. Ele nem escrevia roteiro. Ele ligava para o Alex e contava a trama pelo telefone. Alex anotava tudo. Achava muito hilário ter passado de colaborador de um roteirista/desenhista que fazia tudo, com exceção dos desenhos, a alguém que trabalha com um roteirista/desenhista que fazia o oposto.

O que aconteceu foi que as páginas que Alex produziu com a mão mais leve do Todd foram sensacionais. Eram muito melhores do que as que fez a partir dos meus *layouts*. Fiquei com vergonha. Percebi que estava contendo a genialidade dele, travando o que ele sabia fazer.

Pouco depois, quis o destino que a Marvel contratasse Alex para se juntar a mim mais uma vez na série do super-herói cego Demolidor. Ganhei uma segunda chance, e aproveitei. Escrevi o mundo conforme Alex, não o mundo conforme o que penso. No ano seguinte, quando estávamos no palco para receber o Prêmio Eisner de melhor série, por *Demolidor*, soltei um enorme suspiro de alívio. Não pelo prêmio, mas pela segunda chance. Uma segunda chance igual a essa não acontece com frequência. Essa situação de *Sam & Twitch* acabou sendo a melhor coisa que já me aconteceu como roteirista. Pude ver a diferença entre ser supercontrolador e ser alguém que *colabora* com o desenhista.

Mais uma vez, é óbvio que não existe jeito inabalável, certo ou errado, de colaborar, mas descobri repetidas vezes que escrever *para* seu desenhista sempre leva a uma obra superior para todos os envolvidos. E, se você for escrever um roteiro que você mesmo vai desenhar, não escreva só aquilo que você sabe que pode desenhar. Desafie-se.

Alguns de vocês podem se perguntar: "Por que eu deveria dar tanto ao artista? Por que os colaboradores não deveriam ter o mesmo respeito comigo?"

Vou contar: eles já têm. Há muitos colaboradores que vão se ater ao seu roteiro como se fosse a Bíblia. Sem nem perceber o que fazem, eles vão seguir cada palavrinha sua, porque todo autor está louco para agradar o outro. Portanto, como líder efetivo da equipe, cabe a você definir o tom. Cabe a você fazer com que todos os envolvidos sintam-se sócios paritários na empreitada. Porque vocês são.

Aliás, pode se dizer que a contribuição do desenhista é mais importante do que a sua, porque é a dele que será a primeira percepção do público com relação à obra como um todo. A mídia é visual. A primeira reação de qualquer pessoa ao seu trabalho vai ser o aspecto visual.

Além disso, no fim das contas, não interessa o quanto você dê duro no roteiro e não importa quantas palavras use para descrever uma coisa – é muito mais fácil escrever uma cena de multidão do que desenhá-la. O desenhista passa muito mais tempo na página do que você. O desenhista vai levar dias ou semanas numa coisa que para você tomou apenas algumas horas.

E você tem de respeitar.

Uma vez, escrevi a seguinte cena numa edição de *Homem-Aranha Ultimate*, para Mark Bagley:

```
                Roteiro de Homem-Aranha Ultimate

    1- Ext. Estacionamento do Colégio Midtown — Dia
    Plano aberto do estacionamento do colégio. O dia de aula acabou. Crianças
    por toda parte. Todas as pessoas do colégio estão no estacionamento, ou
    entrando no carro ou só zanzando ao redor.

    Está entupido de carros, professores, pessoal administrativo e crianças.
    Alguns correm para fugir de perto da escola. A multidão é mista:
    esportistas, CDFs, maconheiros, góticos, as gangues.

    Peter e MJ dão um passo à frente e veem o que está fora do quadro, do
    outro lado da rua.
                        MJ
                        Uau...

                        Peter PARKER
                        É...
```

E Mark Bagley, como sempre, desenhou tudo. Desenhou cada aluno, cada professor, cada ônibus, cada carro. E, na margem da página original, ele me mandou longe.

Por isso que você respeita o desenhista. Por isso que você trabalha a serviço da visão dele... porque ele já está trabalhando a seu serviço.

A DIFERENÇA

Ainda assim, alguns de vocês devem ficar se perguntando: "Existe mesmo uma diferença tão grande? A história não é a história? O desenhista não é só o estilista visual? Faz TANTA diferença assim quem vai desenhar a história?"

Os exemplos a seguir vieram de diversos desenhistas que ilustraram praticamente a mesma coisa, mas com seus próprios estilos e abordagens para cada versão.

Desenho de John Romita Jr.

Desenho de John Romita Jr.

Desenho de Joe Quesada

Desenho de Mark Bagley

Desenho de Sal Buscema

Desenho de Ed McGuinness

Desenho de Mike Deodato Jr.

ROTEIRIZAR PENSANDO NO DESENHISTA

DESENHISTAS FALAM DE ROTEIRISTAS

Ao longo deste livro, você encontra roteiristas e editores falando sobre o que eles pensam que um desenhista quer e o que acham que faz um desenhista se envolver. Nesta seção, alguns dos melhores desenhistas na ativa nos quadrinhos compartilham o que pensam de mais específico quanto a colaborações, o papel deles e do que gostam e não gostam nos roteiros.

MICHAEL ALLRED é autor da premiada série *Madman* e é muito conhecido nos quadrinhos *mainstream* pelo seu trabalho em *X-Force* e *FF*.

CHRIS BACHALO é desenhista premiado, mais conhecido pela lendária série da Vertigo *Morte: O preço da vida*, com Neil Gaiman, e por seus desenhos em *Shade: O Homem-Mutável*. Ele tem sido o desenhista principal de diversos projetos da linha X-Men, que incluem *Geração X, Wolverine e os X-Men* e *Fabulosos X-Men*.

MARK BAGLEY é um dos nomes mais populares nos quadrinhos de super-herói, mais conhecido por seu recorde de 111 edições em sequência em *Homem-Aranha Ultimate*, assim como por seu trabalho em *Thunderbolts* e *Quarteto Fantástico*.

MIKE DEODATO JR. é bastante conhecido por seu trabalho em *Thunderbolts, Vingadores* e *Novos Vingadores*.

ADAM HUGHES é quadrinista premiado, muito conhecido por suas capas icônicas para todas as editoras de quadrinhos nos últimos vinte anos.

FRAZER IRVING é das vozes mais singulares nos quadrinhos *mainstream*, com passagens sensacionais por *Shade: O Homem-Mutável, Sete Soldados* e *Fabulosos X-Men*.

KLAUS JANSON é desenhista premiado e professor, cujos créditos assombrosos incluem *Demolidor* e *O cavaleiro das trevas* com Frank Miller, *Justiceiro, Batman, Vingadores* e literalmente centenas de gibis lendários nos quais trabalhou como desenhista, arte-finalista e colorista nos últimos quarenta anos.

O desenhista espanhol **DAVID LAFUENTE** destacou-se na cena dos quadrinhos norte-americanos com passagens aclamadas por *Homem-Aranha Ultimate, Novos Mutantes* e *Novíssimos X-Men*.

DAVID MARQUEZ surgiu com tudo na área em *Fantastic Four: Season one* e também trabalhou em *Homem-Aranha Ultimate*.

SARA PICHELLI é uma desenhista italiana premiada que chegou à cena do quadrinho norte-americano com seu trabalho em *Homem-Aranha Ultimate*, no qual foi cocriadora de Miles Morales. Ela também trabalhou em *Guardiões da Galáxia*.

A carreira da lenda dos quadrinhos **BILL SIENKIEWICZ** começou no final dos anos 1970 e inclui projetos de referência como *Cavaleiro da Lua*, *Novos Mutantes*, *Elektra assassina*, *Stray Toasters*, *Demolidor* e *Jimi Hendrix*. Sua abordagem multimídia, muito influente e própria, já agraciou as capas de centenas de quadrinhos, discos e cartazes de cinema.

A lenda dos quadrinhos **WALTER SIMONSON** abrilhanta as páginas de quadrinhos há quase quarenta anos. Ele é mais conhecido por suas passagens superinfluentes por *Thor*, *Quarteto Fantástico*, *O Caçador* e pela adaptação para HQ do longa-metragem *Alien: O oitavo passageiro*.

JILL THOMPSON é a premiada criadora de *Minha madrinha bruxa* e *Magic Trixie*. Ela também teve uma fase lendária com Neil Gaiman na premiada série *Sandman*.

SKOTTIE YOUNG é o desenhista vencedor do Prêmio Eisner pelas adaptações de *Oz*, lançadas pela Marvel, e por *Fortunately, the Milk*, de Neil Gaiman, e é a figura singular por trás das capas alternativas da Marvel Baby.

Qual é a principal coisa que você busca num roteiro?

ALLRED: Se eu limitasse o que procuro à "principal coisa", supondo que o escritor já deu conta de história e personagem, como desenhista espero que eu tenha inspirações visuais. Torço para que as imagens brotem no meu cérebro enquanto leio o roteiro e que me empolgue com momentos novos e estimulantes para desenhar.

DEODATO JR.: Em termos gerais, uma história boa e comovente que seja conduzida por personagens fortes. Mas o que procuro mesmo é aquele momento em que o protagonista decide que é hora de mudar seu destino e começa a revidar, literalmente ou não. Do ponto de vista do desenhista que

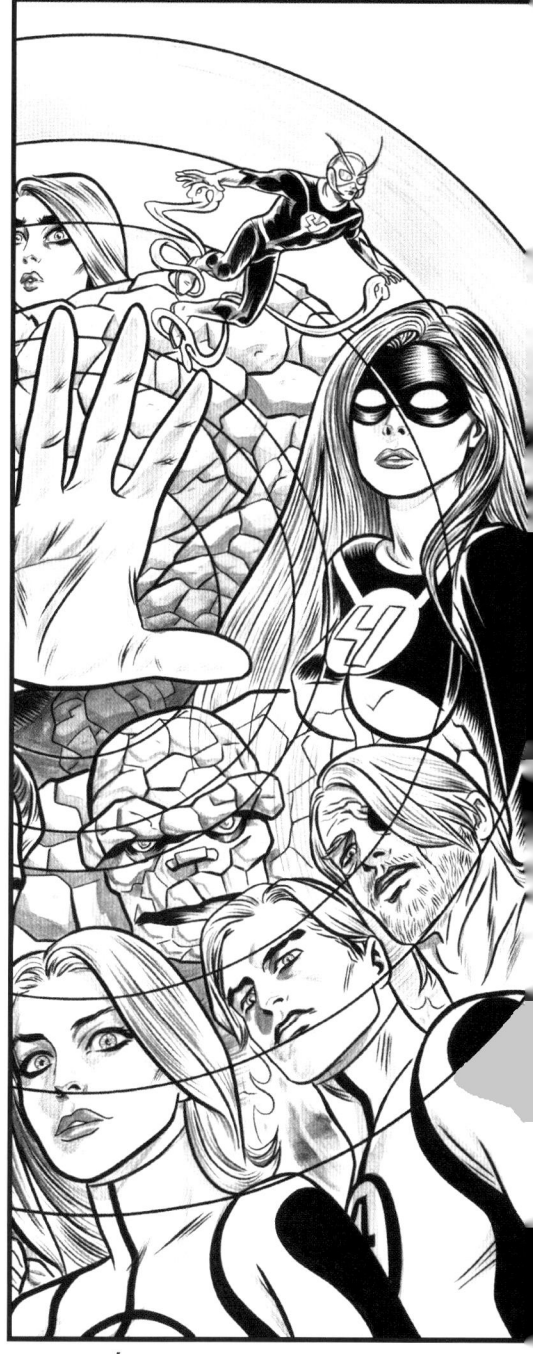

ACIMA E PÁGINA DA ESQUERDA
Desenhos de Michael Allred

Desenho de Skottie Young

Desenho de Mike Deodato Jr.

dá vida à história, procuro uma imagem forte e construo a página em torno dela ou em direção a ela – que pode ser um momento, um *beat* que seja empolgante em termos de emoção ou tensão. Cada página devia ter um desses, um gancho visual ou verbal que faz o leitor querer passar à página seguinte.

YOUNG: Diversão e diversidade. Como leitor e como desenhista, gosto de ter bastante variedade ao longo de uma edição. Ficar em um só lugar ou locação tempo demais pode acabar tanto com o ímpeto do leitor com a história quanto com o ímpeto do desenhista e com a empolgação deste com a edição. Gosto que um roteiro pareça uma lista de músicas bem legal para uma longa corrida. O roteiro tem de saber quando preciso de um incentivo.

BAGLEY: Essa pergunta não tem resposta, pois são muitos os aspectos de uma história que podem tornar algo ótimo e atraente para se trabalhar. Gosto de histórias com sensação de aventura, com humor e drama... na real, tudo que qualquer leitor quer.

IRVING: Fora a resposta-padrão de "uma boa história", acho que do ponto de vista técnico o que procuro é que descrição e diálogos sejam sucintos. Com quanto mais palavras tenho de lidar, menos focado eu fico em visualizar a ação. Às vezes só os diálogos já bastam, desde que representem bem os personagens e as emoções. O exemplo clássico é o *Juiz Dredd*, de John Wagner, que tinha uma descrição que era: "Dredd. Bravo." Diz tudo que precisa.

Desenho de Mark Bagley

LAFUENTE: Que construa um mundo e que embeleze a narrativa. Tenho prazer em criar ambientações e personagens, e é isso que vai me manter interessado durante as fases de desenhar e arte-finalizar, às vezes tediosas. A parte do "embelezar a narrativa", na falta de expressão melhor, é o que me fascina. Resolver problemas narrativos, tentando projetar a experiência de leitura.

THOMPSON: O que procuro num roteiro é que seja uma história que eu, pessoalmente, gostaria de ler, e que eu saiba que seja uma história na qual eu faria um bom trabalho. Embora eu já tenha pegado serviços só pelo bem de ter serviço, prefiro trabalhar com algo que seja divertido e que eu possa fazer com tranquilidade, além de pagar as contas. Isso que é o melhor.

SIMONSON: Procuro uma boa história com boa interação entre personagens. No meu trabalho, tento fazer cenas de ação que sejam a manifestação externa dos conflitos internos dos personagens e entre eles.

Desenho de David LaFuente

Desenho de Walter Simonson

Desenho de Jill Thompson

Desenho de David Marquez

Desenho de Chris Bachalo

MARQUEZ: Uma boa noção de narrativa. Quer dizer, é óbvio que vejo se o roteiro tem estrutura e se tem uma organização que me leve facilmente a começar a botar linhas na página, mas, na verdade, procuro a narrativa: determinar um ambiente, um clima, um tom, a caracterização, o ritmo, as transições. Parte disso vem da vontade de desenhar uma história divertida, bem contada, mas outra parte vem de tentar ver se o roteirista se deu o trabalho de pensar como a história vai fluir visualmente, como gibi. Será que o roteirista tem essa noção visual, compreende o *layout* da página, movimentos de "câmera", viradas de página etc.? Quando tem tudo, meu trabalho fica muito mais fácil e posso me divertir conferindo vida à história.

BACHALO: Diversidade. Um roteiro que tenha um pouco de tudo. Mudança de locações, subtramas múltiplas, um pouco de ação, um pouco de comédia, com cenas que sejam curtas e que vão direto ao ponto. Que seja acelerado, pois decobri que é isso que me renova em termos criativos. É divertido.

JANSON: A principal coisa que procuro em um roteiro, acima de qualquer outra, é a oportunidade. As duas coisas que mais me interessam nessa mídia são a capacidade de desenhar e a de contar uma história através dos desenhos. Acredito que é de fundamental importância que um roteiro me dê a chance de fazer uma coisa que envolva desenhar uma imagem atraente ou narrativas incomuns, que me desafiem.

Outra coisa que procuro é a estrutura da história. Um bom roteiro deve ser como uma boa partitura. Deve ter altos e baixos, ritmo e compasso. Se a construção da história for fraca, a narrativa se arrasta e divaga, e o narrador visual tem de perder mais tempo superando esses problemas. Não existe substituto para uma história bem estruturada.

Desenho de Klaus Janson

HUGHES: *Integralidade*. Odeio começar um projeto quando ninguém sabe me dizer como vai ser o final ou que caminho vai tomar, geralmente porque ainda não foi escrito ou, quem sabe, nem pensado. Eu comparo à construção de um barco, que você põe no mar semifinalizado. Aí você tenta terminar de construir antes que ele afunde. Não posso dar minha contribuição máxima se não sei onde a história vai parar. Não tenho ideia das ênfases, do que prenunciar, do que minimizar. Por isso, gosto de ter todas as informações sobre a história à mão.

PICHELLI: Gosto muito quando o roteirista explica o que está por trás de uma cena/quadro em particular – por exemplo, quais são os pensamentos ou intenções do personagem. Dessa maneira, posso ver com clareza como fazer os personagens atuarem e visualmente ajudo a história a ser o melhor que pode ser.

SIENKIEWICZ: Espaço para contribuir/colaborar, em vez de ser um mero par de mãos a serviço dos outros. Essa é uma área que acho estranha. Por um lado, existe a "divisão de trabalho", os papéis bem definidos. Temos o roteirista, temos o desenhista, depois temos essa terceira entidade que é a combinação e intersecção dos dois papéis. É nessa sobreposição que acontece a verdadeira magia criativa. A mescla perfeita de palavras e imagens.

Você prefere Roteiro Completo ou Estilo Marvel?

ALLRED: Nem comparação. Roteiro Completo. Quando escrevo só para mim, posso fazer um esboço mais solto, porque sei aonde quero chegar.

Desenho de Sara Pichelli

Desenho de Michael Allred

Desenho de Bill Sienkiewicz

Desenho de Mike Deodato Jr.

Em colaborações, quero o roteiro mais amarrado possível, para que eu não precise descobrir o que o roteirista quer.

DEODATO JR.: Prefiro trabalhar com Roteiro Completo – com a liberdade de adaptar e fugir do texto, visualmente, caso eu ache apropriado. Claro que existem variações nos formatos. Para alguns roteiristas, o Estilo Marvel quer dizer escrever um conto que nós, desenhistas, vamos ter de adaptar, dar ritmo. Para outros, pode ser um argumento página a página, quadro a quadro com trechinhos de diálogo, com as falas finais vindo depois. Nunca trabalhei de fato com o Estilo Marvel clássico, em que o roteirista dá algumas frases de esboço e o desenhista cria a trama enquanto desenha.

YOUNG: Gosto do Estilo Marvel com diálogos. A atuação é importante, por isso saber as palavras e vozes dos personagens tem para mim um papel muito grande para acertar esses momentos. Mesmo que não sejam as falas *exatas* que vão chegar ao impresso, gosto de ter o tom e a ideia.

BAGLEY: Já faz tanto tempo que o Estilo Marvel não é usado como norma que é meio difícil lembrar como era trabalhar daquele jeito. Descobri que uma das vantagens daquele modelo era a liberdade que dava ao desenhista de saber ritmar e coreografar a narrativa da revista. Quase sempre você ficava intimidado ao ler um argumento de seis a dez páginas para um gibi de vinte e duas. Você tinha de se esforçar bastante para planejar a edição de forma a narrar a história do roteirista de maneira eficiente. Com um

Desenho de Skottie Young

Desenho de Mark Bagley

Roteiro Completo, está tudo pronto. E, se o roteirista fez um serviço decente, é uma tranquilidade. Hoje em dia eu me vejo fazendo *layouts* de uma ou duas páginas por vez, e aí posso desenhar esses trechos curtos. É mais fácil, e então quem sabe você pode se concentrar em desenhar mais. Mas, para ser sincero, considero que o Roteiro Completo satisfaz menos... Acho que sempre fui mais narrador do que desenhista puro. Por sorte, a maioria dos roteiristas reconhece as habilidades narrativas visuais do desenhista e os bons roteiristas são receptivos às nossas contribuições.

IRVING: Bom, se é para eu ser purista, então o Estilo Marvel para valer seria um papo no telefone entre o roteirista e o desenhista. Como nunca fiz isso, não posso dizer com certeza se ia funcionar para mim. Mas devo dizer que a melhor experiência que eu já tive em termos de narrativa foi quando adaptei *Frankenstein*, de Mary Shelley, direto do livro. Era basicamente uma versão bem longa do Estilo Marvel, da forma como eu o entendo, no sentido de que a história me foi contada como leitor e aí tomei as decisões em termos de ritmo, convenções de estilo, chamarizes, atuação etc. Então eu diria que o Estilo Marvel é meu ideal, mas nunca tive a experiência real dele na prática, por isso posso sentir um certo choque se um dia acontecer. Acho, contudo, que ele se presta a uma colaboração mais orgânica. E quase todos os gibis favoritos da minha infância foram feitos daquele jeito.

THOMPSON: Geralmente prefiro um Roteiro Completo porque tenho como ver quanto diálogo há e planejar devidamente o posicionamento de desenhos e balões. Acho importante saber o que os personagens estão dizendo para que eu possa fazê-los atuar em consonância com suas falas e ter expressões faciais e linguagem corporal adequadas. Todavia, quando escrevo roteiros para mim mesma, não sou tão detalhista na direção de arte porque o que quero ver está na minha cabeça.

SIMONSON: Prefiro trabalhar com o Estilo Marvel. Acho que, se o desenhista sabe do que se trata, ele pode criar narrativas ritmadas com conexões de *design* entre quadros, entre páginas e ao longo da história. Isso nem sempre é possível quando se trabalha com Roteiro Completo.

LAFUENTE: Para séries de editora, com prazo apertado, com certeza prefiro Roteiro Completo. Trabalhei com um enredo Estilo Marvel apenas uma vez, e não gostei muito. Matou alguns dias do prazo, e faltava coesão na versão final. O tom da história e o *layout* dos quadrinhos não se combinaram porque eu e o roteirista não batemos um papo sobre o roteiro.

Acho que tem como funcionar se você passar algum tempo conversando com o roteirista, para garantir que vocês dois estão em sintonia em ter-

Desenho de Frazer Irving

Desenho de Walter Simonson

Desenho de David LaFuente

mos de estilo narrativo. Contudo, os autores geralmente estão sob pressão do prazo e não conseguem tempo na agenda para conversar. Eu adoraria fazer Estilo Marvel de novo, mas não numa série mensal, com certeza.

MARQUEZ: Em toda minha carreira, só trabalhei com Roteiro Completo, por isso não tenho como comparar experiências. Nos casos em que os roteiros são mais soltos – com decupagem de quadrinhos, mas as falas se preenchem depois – sempre percebo o contexto específico do diálogo. Acho que o aspecto mais divertido de desenhar quadrinhos é fazer com que os personagens atuem, mas, sem a nuance de saber exatamente o que estão di-

Desenho de David Marquez

zendo, acho que a atuação fica prejudicada. Dito isso, em algum momento eu gostaria de ter a oportunidade de trabalhar com Estilo Marvel. Os desenhistas com quem conversei falam muito bem da experiência. Eles citam em especial a liberdade que ganham em termos de ritmo e *layout*.

BACHALO: Prefiro Roteiro Completo. A coisa que acho mais importante em um roteiro são os diálogos. Se consta tudo, tenho uma ideia melhor do que está se passando na história, como ritmar a conversa, como criar as expressões faciais apropriadas. Curto isso. Considero os balões parte do *design* e *layout* da página. E se eu tiver a maior parte dos diálogos e recordatórios, isso ajuda a fortalecer o processo criativo e a produzir uma página sedutora. Sei quanto espaço deixar para os balões, como distribuí-los criativamente na página e incorporá-los ao *layout*.

Quando Neil Gaiman e eu trabalhamos em *Morte* e em *The Children's Crusade*, e eu ainda era relativamente novo no mercado, ele me deu um grande incentivo ao dizer que confiava na minha narrativa e que ia reduzir a quantidade de orientações que dava nos roteiros. Geralmente seus roteiros eram diálogos com descrições no limite para armar a cena, para que eu soubesse o que era importante, com uma decupagem solta e sem demarcações de quadros. Tive uma relação similar com Jason Aaron em *Wolverine e os X-Men*. Acho que esse modelo me dá liberdade para ritmar a história, para sublinhar imagens que acho seriam ser empolgantes, e contar a história, visualmente, da melhor maneira possível. Às vezes o roteirista pode ter uma grande imagem na cabeça, mas posso ter outra ideia – e sei quais são meus fortes. No fim das contas, sou eu quem tem de desenhar. Com sorte, o roteirista curte o resultado. E ele ainda tem liberdade para voltar e cobrir qualquer coisa que eu possa ter deixado malfeita ou para se inspirar e acrescentar algo em resposta ao que criei.

JANSON: Cada modelo tem seus pontos positivos e negativos. Eu tendo a querer responder Estilo Marvel, simplesmente porque o artista ganha muita liberdade nas decisões de narrativa. Mas o Roteiro Completo gera uma fricção interessante entre o roteirista e o desenhista. Duas pessoas nunca verão a mesma cena exatamente do mesmo modo. Quando recebo um roteiro e ele é particularmente difícil por algum motivo (quadros demais, falas demais com imagens de menos, muito dependente de narrativa de cinema, muitas coisas acontecendo no mesmo quadro etc.), geralmente amaldiçoo o roteirista durante trinta e seis horas e juro que nunca mais trabalho com Roteiro Completo. Esses roteiristas ficam querendo coisa demais!

Mas aí acontece algo interessante, e aqui só posso falar por mim, mas a cena começa a abrir buracos no meu cérebro e me vejo consumido por ela.

Desenho de Klaus Janson

Vira um quebra-cabeça que tenho de resolver. Quase sempre vira uma afronta para mim, e tenho de me apresentar ao desafio. É guerra total! Acredito profundamente que todo problema narrativo tem uma solução e me recuso a deixar que esses problemas me derrotem. Por causa disso, o Roteiro Completo me obriga a sair da zona de conforto e tenho de inventar jeitos novos ou diferentes de construir a página. É um processo extremamente difícil, frustrante e dolorido, mas geralmente rende trabalhos que são melhores do que achei que seria possível no início. A satisfação com o resultado, a propósito, não tem comparação.

HUGHES: Roteiro Completo. Gosto de desenhar expressões faciais e linguagem corporal, e conhecer as palavras que os personagens dizem me ajuda a entender o que eles sentem. Isso é preeminente para desenhar expressões faciais e linguagem corporal.

PICHELLI: Gosto de Roteiro Completo porque ele mostra qual é a ideia exata do roteirista. A situação perfeita é aquela em que tenho alguma liberdade de mudar as coisas de lugar (sem trair a história, claro), pois isso quer dizer que o roteirista confia em mim. Mas esse tipo de vínculo vem com o tempo, é uma coisa que vocês constroem juntos, de edição em edição.

SIENKIEWICZ: Gosto de ambos, mas o Estilo Marvel dá mais espaço para contribuição do desenhista, acidentes fortuitos e inspiração. Tendo a preferir menos em vez de mais em termos do que se escreve. Que me deem o ponto de partida e o de chegada. Dito isso, também pode virar um tiro no escuro se minha "abordagem" ou interpretação for muito viajandona. Gosto de tentar captar o que normalmente não se vê: os aspectos psicológicos dos personagens, as entrelinhas.

Desenho de Sara Pichelli

Desenho de Bill Sienkiewicz

O que você vê em um roteiro que mais o/a deixa incomodado/a?

ALLRED: É raro, mas de vez em quando recebo descrição de um quadro que tem gente demais fazendo coisas demais. Ou acontecem muitos fatos numa página só. A história precisa de respiro. E o que um roteirista leva segundos para escrever pode levar uma vida para o desenhista ilustrar.

DEODATO JR.: Quando o roteirista esquece que está escrevendo quadrinhos, e não animação – e descreve para um quadro o que levaria pelo menos três para mostrar corretamente.

IRVING: Prosa rebuscada. Prolixidade. Há gente que acha que é o Neil Gaiman e tem ambições de que o roteiro seja publicado para os fãs babões analisarem cada detalhezinho, quando na verdade roteiros são documentos de trabalho para dar estrutura à narrativa para seus colaboradores ornarem e embelezarem com imagens.

THOMPSON: Entre minhas implicâncias estão:

- Quando o roteirista bota muitas ações em um quadro porque acha que a página de HQ funciona como filme. Por exemplo:

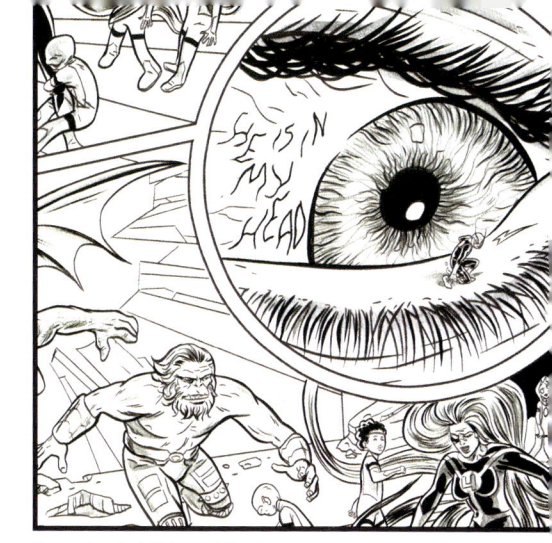

Desenho de Michael Allred

Desenho de Frazer Irving

```
Página um, quadro um

Plano aberto, vista do alto, a rua principal de uma
cidadezinha. Vemos a mercearia e mães carregando compras em
seus carros com enormes porta-malas enquanto os filhos
choram porque deixaram as mamadeiras caírem, o estúdio de
ioga e o café com fregueses entrando e saindo. Do outro lado
da rua, nosso personagem observa seu smartphone de última
geração. Ele lê uma mensagem que diz: "Tô te vendo". Ele
parece chocado, depois olha ao seu redor, confuso...

E aí vêm quadros dois, três, quatro, cinco, seis...
```

Desenho de Jill Thompson

- O primeiro quadro podia ter sido a página inteira! Às vezes roteiristas esquecem que aquilo que eles estão pensando é um plano filmado com grua num seriado de TV ou num filme. Não tem como o quadro começar de longe e dar *zoom* numa telinha ou numa expressão facial. Da mesma maneira, é difícil fazer um plano aberto, visto de cima, de um campo de batalha romano e descrever como você pensa cem guerreiros, e também pedir para seu artista mostrar o protagonista matando um cara, roubando um cavalo e saindo a galope no mesmo quadro. Mas às vezes é o que pedem. Isso me deixa com dor de cabeça!

- Balões de fala redudantes que descrevem exatamente o que se passa no quadro.

- Tantas falas que você é obrigada a usar plano médio em todo quadro.

- Roteiros com direção de arte detalhada demais. Às vezes destrói tudo que há de espontâneo na criação. Acho que existe jeito melhor de fazer direção de arte do que uma lista comprida de tudo que tem de aparecer no quadro.

BAGLEY: Fico muito incomodado quando o roteirista tem duas ou três ações em sequência que acontecem no mesmo quadro – quando ele não lembra que quadros são (geralmente) porções de tempo individualizadas. Não acontece com frequência, e às vezes se resolve com um pequeno quadro de ligação, mas incomoda.

MARQUEZ: Alta contagem de quadros e cenas de multidão! Não, não, brincadeira. Embora páginas "densas" exijam mais tempo e mais empenho, elas têm sua importância e fazem parte do trampo.

Desenho de Mark Bagley

Desenho de David Marquez

O que me deixa realmente maluco em roteiro é o roteirista que não sabe como escrever *quadrinhos*. HQ é uma mídia visual e uma arte narrativa à parte e distinta da literatura, do cinema e do teatro. As regras são outras. E o mais importante: se você for escrever para o desenhista, o roteiro tem de ser escrito de um jeito que o desenhista consiga trabalhar! Tem de ter informação!

Existem inúmeras maneiras de o roteiro sair errado, mas a que ganha de todas, a meu ver, é quando se tem mais de um *beat* num quadro. Já que o desenho de quadrinho congela instantes em quadros, ver uma descrição de quadro que pede para desenhar momentos distintos separadamente (telefone toca, atende-se, falam) é uma frustração. Isso é fácil de resolver decupando os *beats* em mais quadros, mas exige remanejar o *layout* da página.

BACHALO: Não sei dizer se há algo nos roteiros que recebo que me incomoda muito. Se tivesse de escolher uma coisa, diria que me incomodam cenas longas que se estendem mais que, digamos, seis páginas. A meu ver, em tempo real, isso dá mais de uma semana trabalhando numa cena e, para um gibi de vinte páginas, é um espaço para uma cena só.

LAFUENTE: Páginas duplas. Elas consomem muito tempo e dão uma trabalheira devido ao tamanho de papel que você tem de usar. Jamais gostei de trabalhar em formatos maiores, nem mesmo em telas. Sempre perco a noção da imagem inteira. Além disso, na minha opinião, fica bem ruim ler as páginas duplas nas coletâneas, por causa da encadernação. Já tentei várias composições de quadro para tentar lidar ao máximo com o problema da encadernação, mas nunca fiquei satisfeito com os resultados.

Desenho de Chris Bachalo

Desenho de David LaFuente

Gírias para descrever quadros também me incomodam. Há uma parcela considerável de desenhistas atuantes na indústria norte-americana que é estrangeira, então deixar em inglês básico tudo que não for diálogo poupa tempo.

SIMONSON: A coisa mais difícil ao se trabalhar com Roteiro Completo é quando o roteirista pede que um personagem realize mais de uma ação no mesmo quadro. HQs não são filmes, não têm película correndo. Fora as semelhanças entre quadrinhos e filmes, não existe movimento na HQ. Informação e ação geralmente são transmitidas através de uma série de quadros discretos essencialmente estáticos. Dá para você fazer uma coisinha e outra com várias imagens em um quadro, mas duas ações de um personagem em um único quadro geralmente só complica. E decompor a ação para criar uma narrativa dinâmica geralmente exige incluir mais quadros por página, uma coisa que o roteirista não previu.

JANSON: Muitas orientações ou detalhamentos do roteirista. Os roteiristas precisam entender que estamos em um meio colaborativo, e que o desenhista tem direito igual, se não maior, de decidir o visual. Uma HQ com palavras e sem imagens seria um livro. Um livro com imagens e sem palavras ainda seria uma HQ. Não cedo nada do meu território ao roteirista!

HUGHES: Erros, sejam gramaticais, estruturais ou outros. Parece que estou lendo a versão não revisada, e isso quer dizer que o roteirista provavelmente entregou a primeira coisa que escreveu. E isso quer dizer que não houve

Desenho de Walter Simonson

Desenho de Klaus Janson

muito raciocínio em cima do que me passaram. Aí vira minha função garantir que tudo faça sentido, que os elementos se combinem, que não haja erro, quando o que eu devia fazer era só desenhar.

PICHELLI: Quando o roteirista descreve o personagem de uma maneira, e então algumas páginas ou edições depois aquele personagem usa uma coisa que ele devia ter (uma arma, telefone, aparelho, parte do uniforme), mas você não tinha desenhado antes porque não estava no roteiro. Isso incomoda porque fica parecendo que foi a desenhista que esqueceu.

SIENKIEWICZ: Sobretudo o que é considerado erro de novato. Quando se tenta enfiar vários pontos importantes da trama em um quadro só em vez de subordinar e estabelecer prioridades. Nesse mesmo sentido, não dar à trama ou ao ritmo espaço de respiro. Um subproduto infeliz do desejo de "entupir" nosso entretenimento. Às vezes gordura é gordura.

Dito isso, no fim das contas não existe um "jeito certo" de combinar palavras e imagens com sucesso. Depende da história que se conta.

Desenho de Sara Pichelli

Desenho de Bill Sienkiewicz

Qual foi a melhor experiência que você teve como colaborador/a e por que ela foi especial?

ALLRED: Aqui corro o risco de alienar todos os roteiristas maravilhosos com quem tive a bênção de trabalhar (incluindo você), mas, sinceramente, se dá certo, é sempre aquilo em que estou trabalhando agora. Sempre tento achar uma maneira de encontrar energia, paixão e evolução com o que tenho na minha frente naquele instante. Vivo o "agora".

DEODATO JR.: Tive muitas colaborações excelentes na minha longa, longa carreira, mas nenhuma delas se compara aos momentos mágicos que tive

Desenho de Michael Allred

entre os quinze e dezoito anos, criando histórias com meu melhor amigo e publicando-as de modo independente. Passávamos noites inteiras brincando, fazendo os diálogos em voz alta, rindo com as piadas, posando para as imagens para entender do que o outro falava. Éramos jovens, por isso os resultados não foram obras-primas. Aliás, longe disso. Mas o processo foi especial.

YOUNG: Trabalhar com o roteirista Zeb Wells em *Novos Guerreiros* foi minha melhor colaboração. Nós decupamos a história juntos como roteirista e desenhista e propusemos a série juntos. Éramos sócios igualitários na narrativa, e o resultado foi especial. Os quadrinhos são uma mídia tão visual que é ótimo achar um roteirista que sabe disso e que sabe do aspecto de equipe para fazer gibi.

BAGLEY: Tem de ser *Homem-Aranha Ultimate*, por vários motivos. Primeiro, porque Brian é um grande colaborador, que confiou em mim para contar as histórias dele visualmente, com pouquíssima necessidade de eu ficar supondo ou adivinhando. Se ele escrevia uma sequência A-D, e eu achava mais eficiente trocar os passos B e C, desde que chegasse ao "D", Brian ficava contente. Durante os cinco a seis anos em que trabalhamos juntos, acho que só tive de redesenhar alguma coisa duas ou três vezes. E isso geralmente porque eu tinha interpretado mal o que ele pedia... ou ficava cansado e meio desleixado... Só os medíocres são sempre bons. Além disso, eu amava os personagens e os considerava "nossos". *Homem-Aranha Ultimate* foi uma série sobretudo solitária, que não era afetada por esses *crossovers*/ligações com outras séries e esses absurdos que andam cada vez mais comuns nos quadrinhos. Assim, conseguimos contar histórias bem focadas, com boas tramas e poucos artifícios.

IRVING: Provavelmente *The Necronauts*. Talvez por ter sido meu primeiro trabalho, por isso o vínculo sentimental é mais forte. Mas também acho que Gordon Rennie [o roteirista] tem ciência de que, em termos de roteiros de trabalho, menos é mais. Além disso, ele era bom em encaixar um monte de trama naqueles nacos de cinco páginas (Ah, capítulos de cinco páginas... parece que faz um milhão de anos...*) e ao mesmo tempo mantinha o tom do roteiro bastante pessoal, a tal ponto que tirava sarro de mim e da nossa editora numa grande página onde declarava que era função do artista desenhar a interpretação dele de "Inferno na Terra" e que ele podia escrever um monte de coisa para justificar os honorários por página, mas que ia só ficar com a grana e deixar todo o trabalho para mim. Aquilo foi de uma sinceridade revigorante e extraordinariamente libertadora, pois sou "cachorrinho

---

* O desenhista faz referência à modalidade de publicação da revista-antologia de quadrinhos inglesa *2000 AD*, que em cada edição trazia capítulos de cinco a oito páginas de séries variadas. (N. do T.)

Desenho de Skottie Young

obediente" e tento seguir o roteiro mesmo quando não devia. Assim, tirando essas coisas da equação, ele deixou minha vida menos estressante.

SIMONSON: Bem no início da minha carreira, tive a sorte de trabalhar com Archie Goodwin em *O Caçador* na DC Comics. Trabalhamos muito de perto no roteiro, criando o personagem e sua biografia com uma sinergia que até hoje não entendo direito. Mas Archie era roteirista e editor maravilhoso, e fazia sair o melhor de quem trabalhava *com* ele ou *para* ele. Isso com certeza valeu para mim. Mesmo na época pude reconhecer a sorte incrível que tive.

LAFUENTE: Essa é difícil. Acho que foi a minissérie da Felina com Kathryn Immonen. Fora a personagem titular, tudo era totalmente novo, tínhamos de construir o mundo. A trama geral era uma aventura clássica, um resgate, mas todos os detalhes em volta eram uma piração, a melhor oportunidade para eu me soltar. Tanto a roteirista quanto o editor eram engraçados e estavam dispostos a conversar, o que rendeu uma atmosfera de trabalho muito tranquila, agradável.

Em segundo lugar, mas bem próximo, fica a edição anual de *Homem-Aranha Ultimate*. Foi um roteiro muito, muito bom. Tinha humor e uma trama com equilíbrio excelente entre cenas de ação e outras mais calmas. Tudo lá era novidade para mim também. Foi a primeira HQ em que trabalhei que se passava em Nova York, e eu tinha um elenco enorme de personagens fascinantes, bem definidos, que deixavam o devido espaço para interpretação.

THOMPSON: Já tive vários momentos fantásticos de colaboração... trabalhar em *Sandman* foi sensacional. Neil Gaiman escreve todos os seus roteiros conforme o forte do desenhista, e assim fica uma alegria trabalhar no projeto porque é só o que você gosta de desenhar! O estilo de roteiro dele parece muito com um livro de prosa em termos de direção de arte, de forma que você fica na cabeça com uma imagem linda da cena em vez de uma lista de coisas que acha que tem de incluir no quadro.

Trabalhar com Mike Baron em *Badger* foi muito divertido, porque os roteiros dele eram páginas em miniatura desenhadas à mão com o diálogo nas margens. Mike começava cada roteiro com um informe: "Jill, por favor, não repare no meu desenho horrível. Serve apenas para lhe dar uma ideia da ação e de quantos quadros por página acho são necessários para decupar a ação. Faça os ajustes que julgar necessários, pois você é a desenhista." Acho que isso faz o desenhista ser melhor. Também adorei colaborar com Will Pfeifer em *Finals*. Ele era muito bom para escrever com um elenco tão grande! Os roteiros dele sempre me faziam rir, e todos os dias eu ficava empolgada em trabalhar!

Desenhos de Jill Thompson

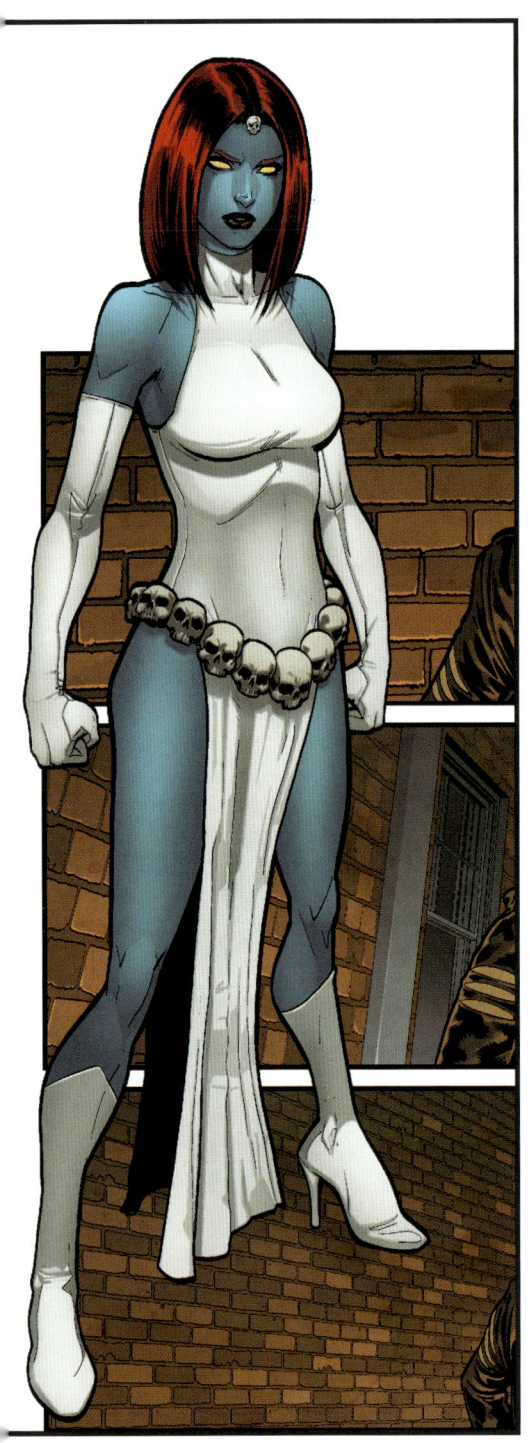

Desenho de David Marquez

MARQUEZ: Meu primeiro projeto publicado, *Syndrome*, da Archaia, foi uma experiência incrível e estabeleceu um padrão bem alto para todos os projetos que vieram depois. Além da pura empolgação de trabalhar no meu primeiro projeto de quadrinhos após anos tentando entrar no mercado, criei um laço muito forte com os outros autores, principalmente os dois roteiristas. Desde o começo, minhas contribuições foram não só incentivadas e valorizadas, mas também se integraram ao processo de roteiro. Eu tinha lido o primeiro argumento/proposta da série e estava preocupado com algumas coisas na estrutura narrativa. Depois, descobri que minhas anotações (em parte) haviam levado à reescrita e reestruturação total da HQ. Nos meses que se seguiram, os roteiristas e eu tivemos conversas diárias sobre o roteiro, os desenhos, as cores, o letreiramento, convidando todo membro da equipe para a discussão. Página após página de *e-mails*, conversas em *chats*, horas de telefone, tudo levou a uma equipe criativa bem alinhavada, que era mais do que apenas de colaboradores, mas também de amigos que estavam pessoal e ardentemente comprometidos em fazer a melhor arte possível. Tenho tido a sorte de passar por experiências similares em vários projetos e com vários roteiristas e desenhistas nestes anos desde lá, mas você sempre se lembra do primeiro.

BACHALO: Acho que a melhor experiência que tive foi com Jeph Loeb em *A hora da magia*, pois tivemos tempo para sentar e discutir as histórias. Fiquei surpreso com o tempo que tivemos para ficar no telefone trocando ideias de trama ou discutindo detalhes das páginas que eu tinha entregado, e fiquei impressionado com a quantidade de coisas que ele adotou. Podia ser só sacanagem, mas foi uma sensação boa, como se ele estivesse envolvido naquilo, e me fez sentir parte de todo o processo criativo. *A hora da magia* acabou virando uma boa combinação das nossas ideias.

Existem situações, como a vez em que trabalhei com Chuck Kim no especial de Tempestade e Gambit, em que cheguei antes do cronograma e tínhamos um rascunho da trama para o qual eu achava que podia dar uma ou duas ideias. Cedemos aqui e ali, mas para meu contentamento pudemos seguir com várias das ideias, e foi uma experiência ótima.

Descobri que, nas revistas mensais, essa abordagem não é possível. Rick Remender e eu íamos fazer *Fabulosos Vingadores*, e ele estava me incentivando a participar das conversas sobre a trama. Pedi que ele fosse em frente com o que faz de melhor, que é escrever bons roteiros, e eu faria minha parte. Falta tempo. Eu não consigo acompanhar todo o Universo Marvel. Não vou aos encontros de roteiristas e provavelmente não teria muito a oferecer em termos de construção criativa – tirando o fato de que talvez fosse legal desenhar tal personagem ou de que ia ser divertido uma história no espaço. Essas coisas. Não conversei uma única vez com Mike Carey quando estávamos trabalhando em *Supernovas*, mas fiquei orgulhoso do que fizemos juntos. Perguntei a Jason Aaron se ele podia incluir um personagem de *Geração X* em *Wolverine e os X-Men*, e ele trouxe a Escalpo. Aquilo me deixou muito feliz – poder trabalhar com uma personagem antiga, das minhas preferidas.

JANSON: Tive a sorte de passar por várias colaborações, tanto como desenhista quanto como arte-finalista, que foram muito positivas. A melhor experiência como desenhista foi a de trabalhar com você e David Mack em *Demolidor: Fim dos dias*. Era um roteiro excepcional em um gênero que amo ler e amo desenhar, com um ritmo excelente, com várias grandes cenas e muita oportunidade para eu contribuir. Foi uma das vezes em que percebi que estava diante de uma oportunidade única na vida.

Ninguém levanta de manhã e diz: "Acho que hoje vou fazer um gibi bem ruim." Todos temos metas bastante elevadas. Mas muito pode acontecer entre a ideia inicial e o resultado; e às vezes, apesar das nossas melhores intenções, o resultado é um gibi ruim. Bastante trabalho duro e um pouquinho de sorte ajudam, mas a colaboração em *Fim dos dias* foi, com certeza, uma experiência positiva.

HUGHES: Ainda vai acontecer de eu *colaborar* numa trama. Não acredito que colaboração consista em o desenhista receber um roteiro no qual não teve voz. Para mim, colaboração é quando o roteirista e o desenhista trabalham juntos para ter uma grande ideia. Depois o roteirista vai escrever, e o

Desenho de Klaus Janson

desenhista, desenhar. Receber um roteiro no qual você não teve voz em termos de trama é como pegar o bastão numa corrida de revezamento. O Estilo Marvel incentiva um tipo de colaboração em que o desenhista acaba decidindo ritmo e decupagem, mas ainda é um trabalho individual. Dito isso, fiz uma edição do crossover X-Men/WildC.A.T.s, e o roteirista James Robinson me perguntou antecipadamente quais mutantes eu gostaria de desenhar, e quais não estava a fim. Achei aquilo legal e meio colaborativinho.

PICHELLI: Ter sido parte da criação de Miles Morales foi o momento mais especial da minha carreira. Apesar da responsabilidade que se tem ao "tratar" com personagens tão importantes e amados como o Homem-Aranha, a ideia de que minha criatividade ajudou a dar vida a um personagem que está rapidamente se tornando um novo ícone, tão amado pelos fãs, me deixa muito orgulhosa.

SIENKIEWICZ: Tenho a sorte de ter tido muitas "melhores" experiências; certamente várias boas. Toda série foi uma colaboração que pareceu, na época, resumir perfeitamente um tipo específico de experiência de leitura, que parecia um ponto de vista definitivo, uma "abordagem", uma afirmação sobre um personagem ou grupo. Creio que seja isso o que as melhores séries fazem – elas tomam posição, para criar um arco pronunciado, pelo bem ou pelo mal. Nada fica diluído.

Desenho de Sara Pichelli

Desenho de Bill Sienkiewicz

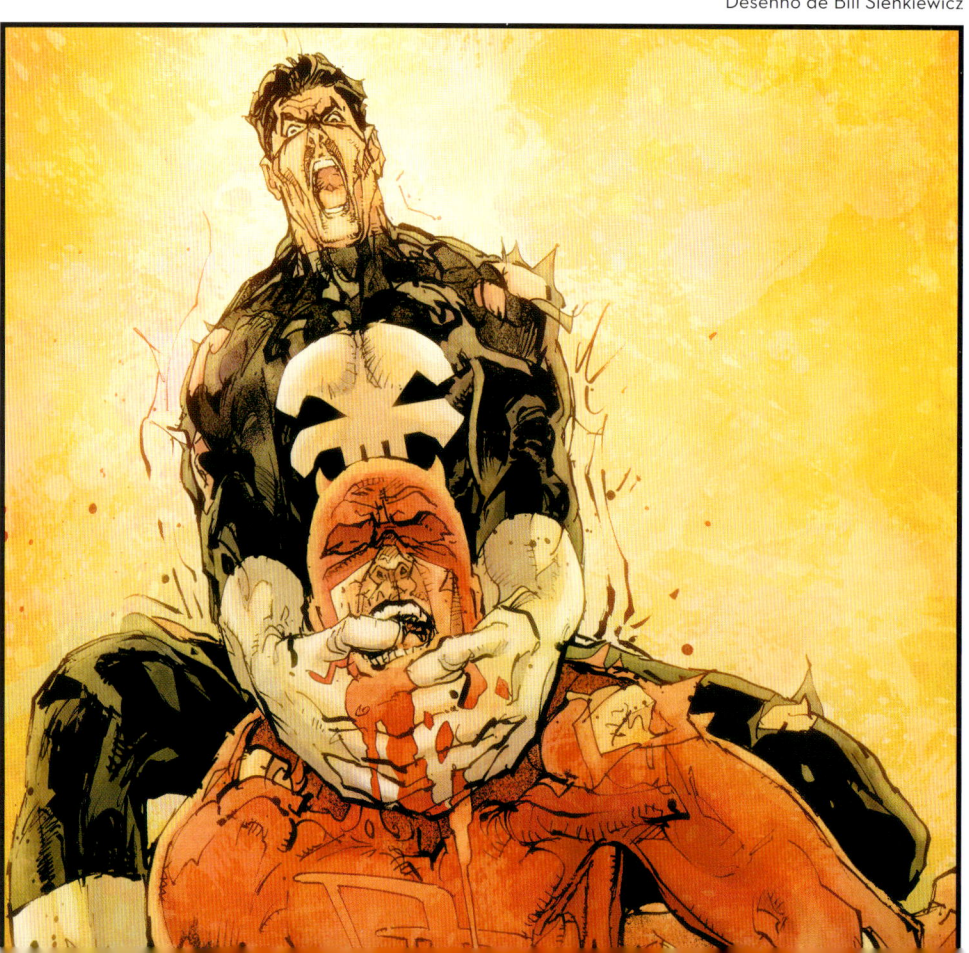

Nas minhas experiências, independentemente do roteirista com quem colaborei, se nosso empenho deu certo foi porque tentamos nos manter fiéis à meta que quisemos cumprir, e, se fracassamos, tentamos pelo menos fracassar de maneira espetacular e sincera, em vez de cumprir as regras ou não correr riscos.

Por exemplo, o *Cavaleiro da Lua*, com Doug Moench, foi de início meio que a série tradicional, padrão, e que foi ficando mais *indie* conforme progredíamos. Isso em parte porque fiquei entediado com a abordagem padrão da indústria e com as regras arbitrárias do que se pode e não se pode fazer na mídia. Sempre trabalhei com roteiros de Doug – até seus argumentos tinham mais roteiro que outros – e queria desesperadamente contribuir de verdade com as histórias, dar um ponto de vista mais pessoal. Por volta do número 26, comecei a ficar mais envolvido no argumento, o que para mim foi libertador. A edição se chamava "Hit It!" e tratava de coisas que não tinham a ver com heróis encapuzados. Eu queria ver se conseguia transmitir uma sensação de musicalidade em palavras e imagens. Depois de "Hit It!", achei que era hora de passar a novos desafios.

Sem dar nome aos bois e aos projetos, qual foi sua pior colaboração?

ALLRED: Foi na minha primeira vez – e só foi ruim porque nunca fomos até o fim, portanto não me importo em dar os nomes. Era um projeto maravilhoso com Steven T. Seagle, editado por Shelly Bond, para a Comico, chamado *Jaguar Stories*. Já tínhamos feito algumas edições e aí a Comico entrou em falência. Eis um bom toque de realidade para você. Volta e meia conversamos sobre revitalizar o projeto e ir até o fim. Quem sabe algum dia?!

Desenho de Michael Allred

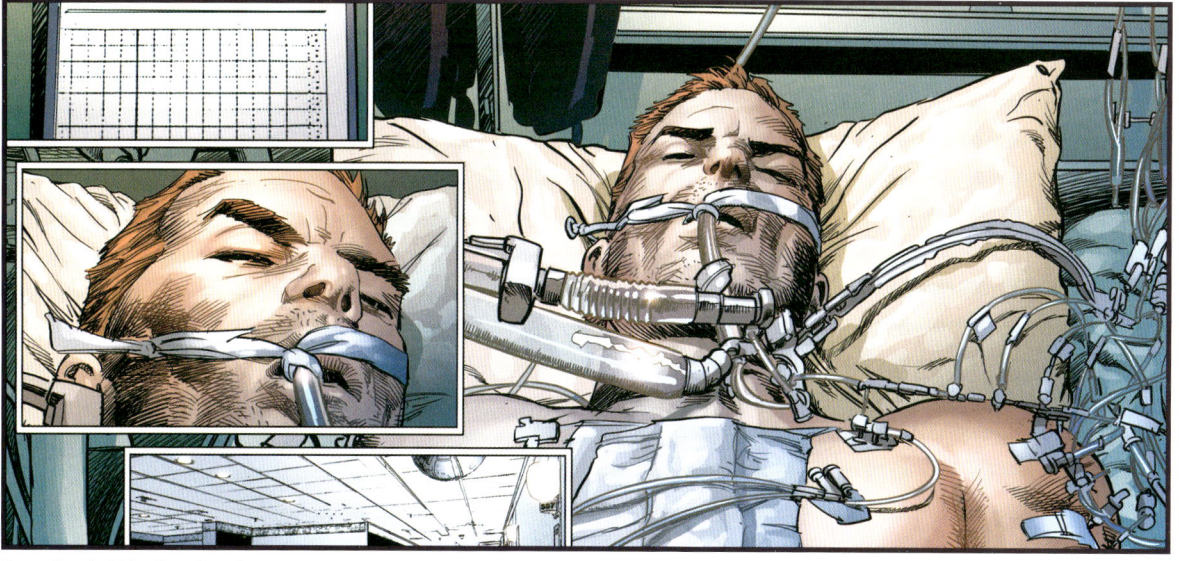

Desenho de Mike Deodato Jr.

Desenho de Skottie Young

DEODATO JR.: Para mim, desenhista, trabalhar com um roteiro ruim e previsível é o que há de pior. Você faz o possível para deixá-lo melhor, mas não há muito o que fazer. Até o melhor desenho, o mais envolvente, não vai salvar uma história cansativa, chata.

YOUNG: Tive uma que me fez deixar de conversar com o roteirista até um ano depois de o projeto sair. Naquele ponto era difícil até chamar de colaboração. Foi no começo da minha carreira e me ensinou a ficar mais por dentro no início dos projetos. Depois daquele, passei a negar projetos se não pudesse fazer parte do processo de construção. Até uma colaboração ruim foi um aprendizado.

BAGLEY: Tive duas experiências amargas na minha carreira. A primeira foi bem no início, e coincidentemente foi com um roteirista que fazia Roteiro Completo. O arrogante não aceitava *nenhuma* contribuição minha na narrativa – chegando ao ponto de recusar-se a ajustar as falas quando eu acrescentava um quadro indispensável de transição ou "ponte". O segundo foi

Desenho de Mark Bagley

muito mais recente e totalmente devido a um editor que foi o babaca mais sem profissionalismo com quem já tive de lidar (e faz *bastante* tempo que estou nessa).

IRVING: Trabalhar num personagem comercial chato com o qual eu não tinha nenhum envolvimento, nada era relevante, que foram só meses da mi-

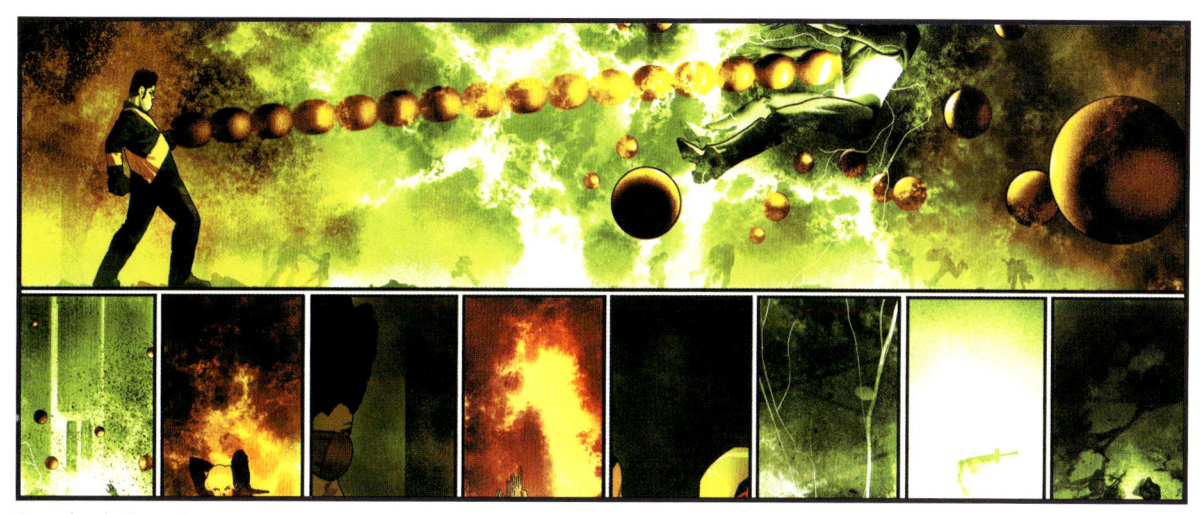

Desenho de Frazer Irving

nha vida gastos desenhando páginas que seriam sugadas por um buraco negro. Fui pago, e isso é bom. Mas no fim das contas foi uma experiência emocionalmente estéril e não faço essas coisas só pela grana. Já tive de resolver apuros de prazo esmagador, valor baixo, roteiros loucos de confusos, mas a pior coisa de todas sempre é a "História Chata".

THOMPSON: Trabalhei em um projeto no qual as descrições tinham tantas minúcias de detalhes e precisão do que cada quadro tinha de conter e a forma como o roteirista vislumbrava tudo, que me senti algemada. Eu me senti um par de mãos a serviço de um desenhista frustrado. Eu lia o roteiro e, sério, tinha dor de cabeça. E depois de ler a história detalhada, ainda assim não aparecia uma só imagem na minha cabeça. Nem *layout*, nem *design* da página, nem um surto criativo de entusiasmo com o que eu tinha acabado de ler. Foi horrível! Por sorte, isso nunca mais aconteceu.

MARQUEZ: Minha história de terror vem de antes de eu entrar profissionalmente nos quadrinhos. Eu me juntei com um roteirista na San Diego Comic Con, e entrei para terminar os desenhos de uma HQ autoral independente porque o artista anterior tinha caído fora (alerta). Montamos um contrato que parecia agradar as duas partes e seguimos em frente. Nos três anos que se seguiram, a natureza do projeto mudou várias vezes. O que de início era um projeto de três edições evoluiu de forma que foi preciso remanejar as edições anteriores. ("A editora quer que o projeto tenha um visual consistente.") Acordos garantidos de publicação deram em nada. ("Mas não se preocupe, prospectei uns novos que vão fazer bem melhor.") Quando não se achou arte-finalista, o que fora definido como um serviço de desenho a lápis virou também de nanquim (se bem que isso acabou virando um mal que veio para o bem, anos depois). Por fim, a semanas de encerrar o projeto, Hollywood (segundo o que me disseram) bateu à porta. E, para tudo sair

Desenho de David Marquez

Desenho de Walter Simonson

tranquilo, o contrato tinha de mudar. ("Mas não se preocupe, vou continuar respeitando nosso acordo original... a não ser que meu advogado diga o contrário.") Para resumir a história, três anos de trabalho e eu ainda não tinha nada – nem dinheiro, nem direitos, nem nada publicado. Ainda assim, aprendi uma lição valiosa sobre não contar com os ovos na galinha, e sobre confiança, advogados e firmeza. E tirei três anos de páginas horríveis de dentro de mim e aprendi a arte-finalizar. Em questão de um ano eu viria a ter minha primeira HQ publicada e, dois anos depois, a trabalhar para a Marvel. Não sei o que aconteceu com o roteirista.

SIMONSON: O projeto mais difícil em que trabalhei provavelmente foi a adaptação que a Marvel Comics fez do filme *Contatos imediatos do terceiro grau*. E foi porque a produtora estava totalmente reticente em soltar qualquer informação sobre o filme, fora o roteiro, para quem ia trabalhar na HQ. Ou seja, tínhamos praticamente zero em termos de referência visual para fazer os desenhos, e a Marvel, que publicava a HQ, não tinha direito de usar os rostos dos atores. Além disso, por causa das negociações contratuais, só podíamos começar a trabalhar na HQ alguns dias antes de o filme estrear nos cinemas. Dadas as circunstâncias, acho que todo mundo fez um serviço ótimo, mas a HQ não foi tudo que podia ser.

BACHALO: Tenho tido muita sorte e não posso dizer que tive uma experiência ruim. Em um projeto, eu tinha uma agenda curta para cumprir o prazo e o roteirista entregava o texto aos poucos, uma ou duas páginas por semana. Tive de largar e não acabei. Aquilo não desceu legal. Cada roteirista e cada situação são especiais. Tem muito a ver com a natureza do projeto. Idealmente, digamos que numa situação de trabalho autoral ou num projeto com fim definido, é ótimo poder sentar com o roteirista e discutir trama, personagens, ritmo etc. Com Joe Kelly, em *Steampunk*, discutimos a história no começo, aí ele fez o roteiro e eu desenhei. Com Jeph Loeb, em *A hora da magia*, batíamos papo várias vezes por semana. Nas mensais da Marvel, em quase todas as ocasiões, nunca tive uma conversa com o roteirista. Fico à vontade com ele fazendo as coisas dele e eu as minhas. Aí, com sorte, acertamos. Mas não posso dizer que fico totalmente confortável com essa relação. De certa maneira, eu me vejo como o primeiro fã, a primeira pessoa que pode ler a história que não se envolveu com a criação dela. Não há nada melhor do que a chegada de um gibi eletrizante. Eu entro de cabeça.

JANSON: A pior coisa que pode acontecer em um projeto é quando a equipe perde a perspectiva da história. Uma vez que isso aconteça, é um sinal

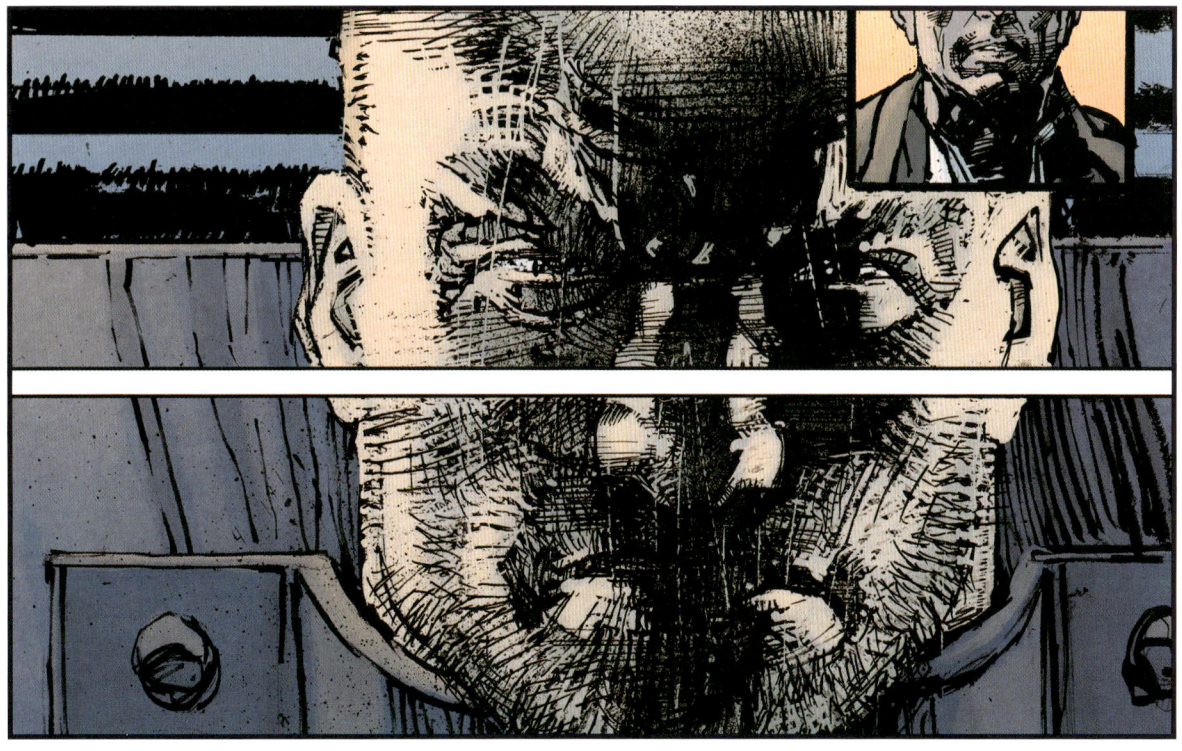

Desenho de Klaus Janson

Desenho de David LaFuente

bem claro de grandes problemas. E essa falta de direção geralmente acontece por causa da interferência de uma fonte externa, como a gerência ou algum editor sênior lá no alto. Acho que o trabalho mais positivo geralmente surge de escolher as pessoas certas, dar um pouco de orientação editorial e confiar que eles vão fazer o que têm de fazer. A ideia de que pode surgir qualidade a partir da interferência de cima para baixo, de intromissões e alterações constantes, é uma coisa que ainda quero ver. E é isso.

LAFUENTE: Foi numa dessas *graphic novels* em que o desenho era a partir de decalque de fotos. O roteirista era genial e eu admirava o trabalho dele havia anos. Mas não sou de desenhar por cima de foto nem sou caricaturista. Estava longe de ser a escolha mais óbvia para o projeto.

A equipe editorial se mostrou do tipo ausente e o roteirista assumiu o papel de editor/supervisor do projeto. Também descobri rápido que era um indivíduo temperamental que entrava em modo "Joe Pesci" sem pestanejar.

Comecei a mandar páginas e, é claro, dava para identificar as pessoas pelas roupas e pelos penteados, mas não pelos rostos. O roteirista não ficou contente e pediu mudanças. Redesenhei quadros, mudei umas linhas aqui e ali, mas nada dava certo pro cara. Isso durou mais ou menos um ano, e aceitei outros serviços por fora para pagar as contas.

Depois de um *e-mail* particularmente abusado do roteirista, achei que já era o bastante, falei para a editora ficar com a grana e caí fora. Levou dois anos e mais alguns artistas para o projeto sair e, acredito eu, afundar.

HUGHES: Na primeira vez em que trabalhei com o Estilo Marvel. O resultado foi uma HQ muito boa, mas fiquei frustrado porque os diálogos finais nem sempre fechavam com o argumento que recebi. Por exemplo, no argumento, o personagem A está discutindo com o personagem B, e A, portanto, grita com B. Então desenhei A gritando com B. Quando o/a roteirista escreveu as falas, ele/ela havia mudado de ideia e deixou o personagem B com falas atenuadas, em voz baixa. De repente minha feição do personagem A gritando ficou *muito* estranha e desajeitada, como se eu não soubesse o que estava fazendo. Mais uma vez, o produto final ficou bom, só fiquei um pouco irritado com as mudanças inesperadas e estranhas quando os diálogos foram feitos. Outro motivo para eu ter mais carinho pelo Roteiro Completo.

SIENKIEWICZ: As piores conjunturas são aquelas em que se trabalha com gente que acha que sabe o jeito certo, o único jeito, mas se diz um colaborador flexível. Isso é mais questão de personalidade do que de criatividade. Há projetos que são mais colaborativos, enquanto outros são de divisão de trabalho. Já trabalhei nos dois e em tudo que existe entre um e outro. Já trabalhei com vários roteiristas – e editores – para os quais ser ousado não só não era desejado, mas decididamente motivo para eles torcerem o nariz.

Eles me queriam e queriam o que eu podia trazer ao projeto, mas também queriam controlar minha contribuição, o que no fim das contas foi insatisfatório para todas as partes. Aprendi a tomar distância dessas conjunturas. Em alguns casos, a personalidade do roteirista tinha menos a ver com expressão artística e mais com ter uma "linha de produção" que não agitasse as águas corporativas. Não tem nada de errado em pegar o serviço e cumprir – é uma meta salutar. Afinal, são negócios. Mas, para mim, felizmente – e infelizmente –, também é uma obsessão, e não posso deixar de querer derrubar muros. Dito isso, porém, o resultado não é necessariamente negativo. Em geral é relaxante simplesmente fazer um bom trabalho e não sentir sempre a necessidade de fazer um gol de placa.

O que quero dizer nas entrelinhas: é trabalho em equipe. É uma mídia que, nos seus melhores exemplos, exige um grande misto de inteligência, habilidade artística, habilidade técnica e coração. E verdade.

E, além disso, ainda é muito divertida.

Desenho de Bill Sienkiewicz

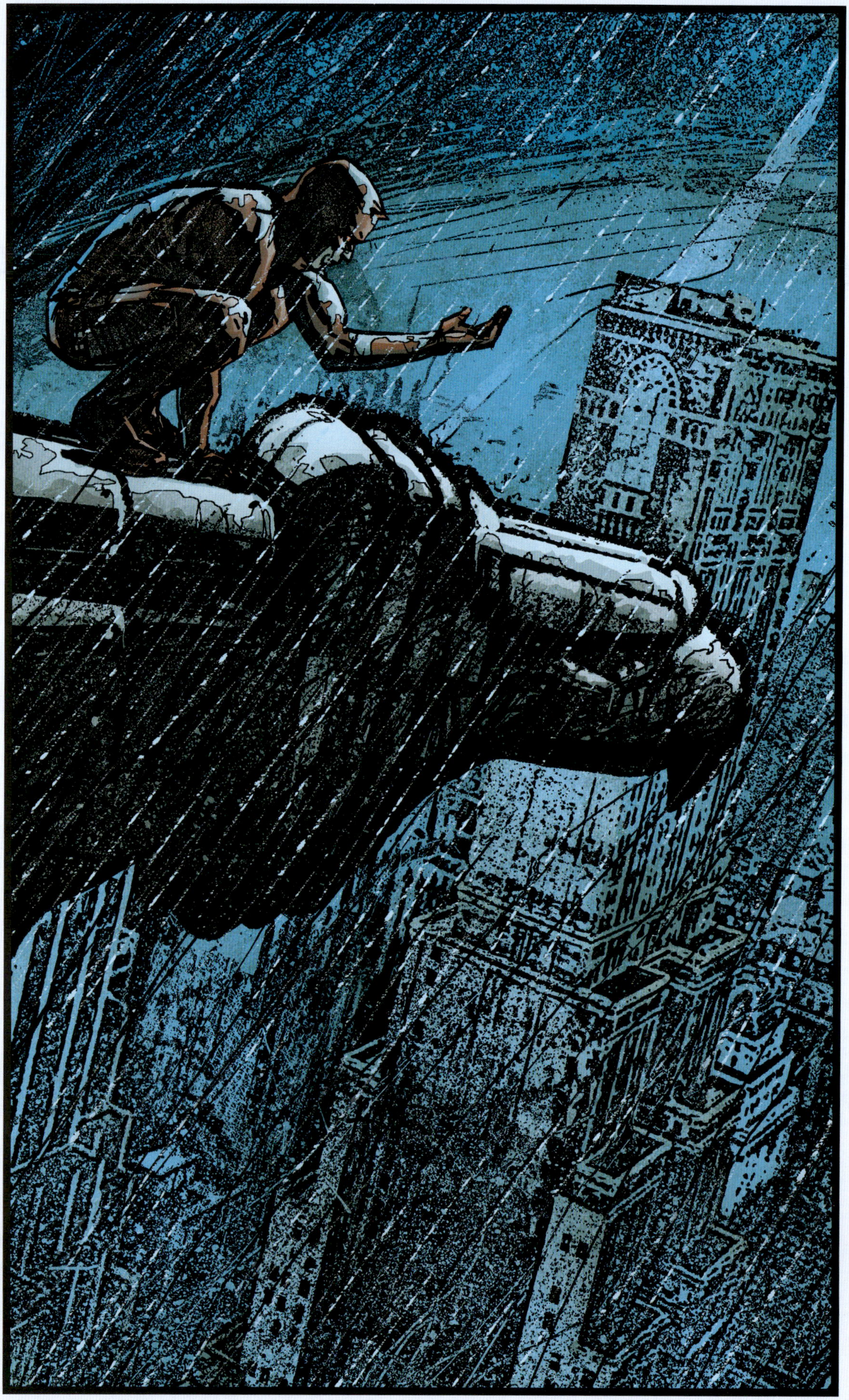

O LADO DO DESENHISTA:
DAVID MACK E ALEX MALEEV

O artista multimídia e autor de livros infantis David Mack é mais conhecido por sua obra-prima, sua odisseia, **Kabuki**. Ele também fez trabalhos muito elogiados em *Demolidor*, e foi selecionado a dedo pelos herdeiros de Philip K. Dick para adaptar a obra do autor para os quadrinhos.

Nascido em Sófia, Bulgária, Alex Maleev iniciou a carreira com litogravuras e passou a fazer *storyboards* para diretores de renome como Alfonso Cuarón (*Filhos da esperança*, *Gravidade*) antes de entrar nos quadrinhos. Alex e eu temos trabalhado juntos desde os anos 1990. Nossas colaborações mais conhecidas foram os anos juntos em *Demolidor*, que venceu o Prêmio Eisner, em *Vingadores*, *Halo*, *Mulher-Aranha* e nosso empreendimento autoral ainda em desenvolvimento, *Scarlet*.

UMA CONVERSA COM MACK E MALEEV

O desenho nos quadrinhos é e pode ser muito mais que lápis e nanquim e cores no computador. Muitos dos nossos maiores quadrinistas trabalham com mídias variadas, inspirando-se no que vem de fora das HQs e trazendo algo de novo à página. Tem uma frase do músico Sting que se refere ao fato de o *rock'n'roll* ser mídia bastarda – e que o *rock* só se torna algo superior de fato quando as pessoas trazem algo de fora, tipo o *country*, o *jazz*, o R&B etc. para criar algo novo. O mesmo pode-se dizer dos quadrinhos. É uma mídia muito parecida em termos de bastardice. Para elevar de fato a arte, deve-se olhar para fora dos quadrinhos – buscar inspiração na pintura clássica ou abstrata, na gravura, no cinema, nas colagens etc.

Há dois artistas visionários e singulares dessa última geração: David Mack e Alex Maleev.

David, você costuma roteirizar seus próprios trabalhos. Como é esse processo?

MACK: Geralmente começo anotando tudo que consigo pensar para o personagem. Na primeira versão, não me censuro em nada. A zona criativa e a zona editorial são ambientes mentais distintos. Você pode ficar tentado a

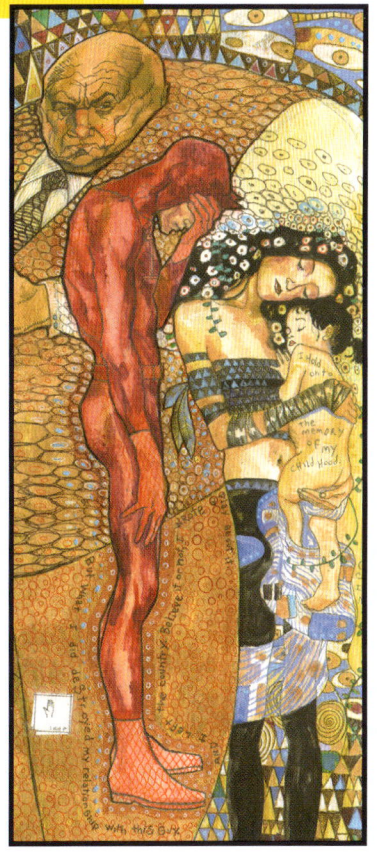

ACIMA
Desenho de David Mack

PÁGINA DA ESQUERDA
Desenho de Alex Maleev

TODOS OS DESENHOS
David Mack

editar enquanto escreve, mas naquela hora não consegue ser objetivo. Anote toda ideia que lhe ocorrer. Se você pensar em três maneiras de contar aquela cena, anote as três. Mas, quando voltar para a segunda rodada, *aí sim* veja com um olhar crítico e reflita: *Destas três soluções para a cena, qual dá a melhor noção do personagem? Qual vai dar a melhor noção de ritmo para a história?*

Numa mídia visual, um desenho pungente reduz a necessidade de boa parte da informação escrita. Ou, muitas vezes, tem-se um contraste, uma dinâmica entre o escrito e o visual. Você pode cometer exageros nos elementos visuais, pode ser sucinto demais nas palavras.

Penso em mim primeiro como roteirista, e começo pela trama. Isso me dá liberdade para criar um estilo visual e um ritmo que melhor se ajustam àquela história. Depois de escrever, tento pensar na melhor maneira de contar a história em termos visuais. Quem sabe cenas distintas utilizem mídias distintas, ou estilos de cor distintos, ou vou justapor uma cena realista com outra que pareça mais conceitual ou fantasiosa.

Descobri que se você estabelecer a noção de que os personagens são reais começando por desenhá-los de maneira realista, e tiver uma certa quantidade de *closes* e olho no olho, aí você não precisa fazer isso sempre. Uma vez que o leitor passe a conhecer o personagem, você pode reduzir a informação que acrescenta e começar a desenhar de maneira mais expressiva, em termos do conteúdo emotivo da história. Toda vez que houver algo que for mais elaborado ou mais realista, quero contrastar com algo mais fantasioso ou abstrato. Aos poucos você consegue ficar mais e mais abstrato, a ponto de que o que você conta vira uma metáfora visual interessante, abstraída do que acontece na história em si.

Vocês dois têm estilos particulares, e tenho curiosidade de saber quais são suas maiores influências.

MACK: Minha influência é a história a se contar. Quando eu era criança, fui apresentado aos quadrinhos por uma edição de *Demolidor* do Frank Miller. Antes disso, eu nem notava o que eram quadrinhos. Eu tinha dez anos e essa edição de *Demolidor* tinha uma história policial que me metia medo. Eu achava que quadrinhos eram iguais a desenhos animados. O *Demolidor* de Miller estava fora da minha zona de conforto. Tive uma reação visceral, fiquei assustado mesmo.

Alguns anos depois me deparei com a segunda parte da história. Eu tinha doze anos e estava mais apto a entender. Abri o gibi e vi o autor usando sombras, tamanho do quadro, páginas duplas, clima, iluminação, os *beats* das pessoas acendendo cigarro etc. Havia tudo isso acontecendo e percebi que o autor estava controlando conscientemente cada um dos elementos que o leitor percebe – para dar atmosfera à história. E com Frank Miller aprendi mais sobre Will Eisner, comprei o livro dele e segui dali.

No fim das contas, como autor, não existe botão de desliga. Você absorve aquilo que acontece na sua vida, e sua história e sua arte viram laboratório para você achar sentido no que aconteceu. Você processa aquilo que

ROTEIRIZAR PENSANDO NO DESENHISTA

lhe interessa e aquilo que o provoca – traumas de infância, suplícios em família, aquilo que deixa você feliz, as coisas que deixam você triste, magoado. São suas influências. Você cria uma linguagem, um vocabulário no seu trabalho para dar ordem às coisas e torná-las úteis, ou bonitas, ou potentes. Às vezes existem autores que vieram antes de você que ampliaram o vocabulário dessa arte. Cabe a você também acrescentar ao vocabulário dessa linguagem.

MALEEV: A questão das influências é a que mais nos perguntam nas convenções, nos painéis e nas entrevistas. É uma das perguntas que mais me fazem.

MACK: A primeira, na verdade, é: "De onde vêm suas ideias?"

MALEEV: Isso, e a segunda é: "Quais são suas influências?" Existem três maneiras de responder a essa pergunta. Uma é contar a verdade. A segunda é dizer o que quem pergunta quer ouvir. E a terceira consiste em um monte de coisa que você não entende.

Geralmente fico com a segunda porque tento ser educado e politicamente correto. Dou a lista de nomes, de obras, do que eu gosto e do que não gosto, e de todas as referências que deixo do lado no meu computador enquanto desenho. É isso que gostam de ouvir.

A resposta verdadeira é: minha inspiração sou eu. É o que está na minha cabeça, o que boto na página. Não importa se eu gosto ou não. O que vier do meu cérebro, que passe pelo meu braço e fique no papel. A resposta é essa.

Eu sou minha própria inspiração. Por que isso? Você sabe por quê? Também não sei. Mas acredito que inspiração seja um prolongamento da experiência.

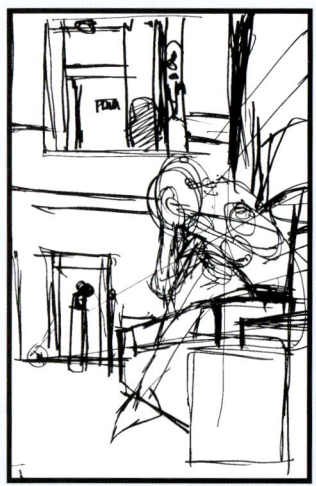

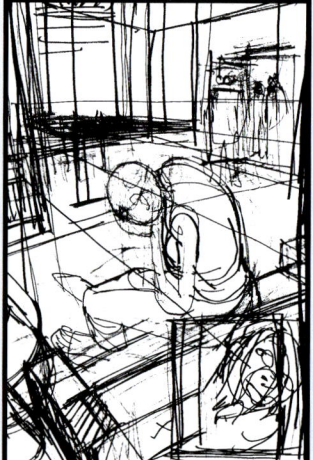

TODOS OS DESENHOS
Alex Maleev

ROTEIRIZAR PENSANDO NO DESENHISTA

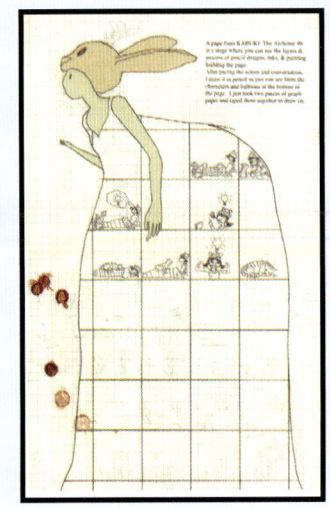

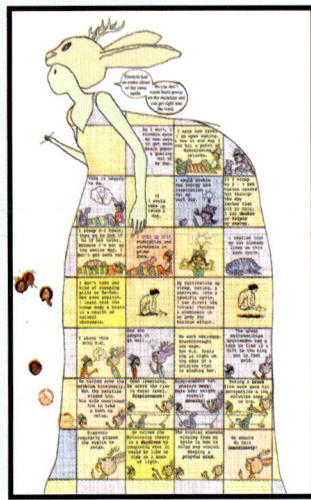

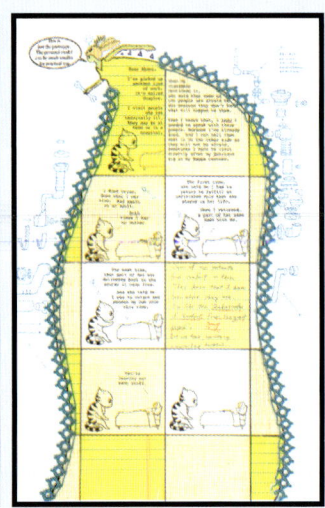

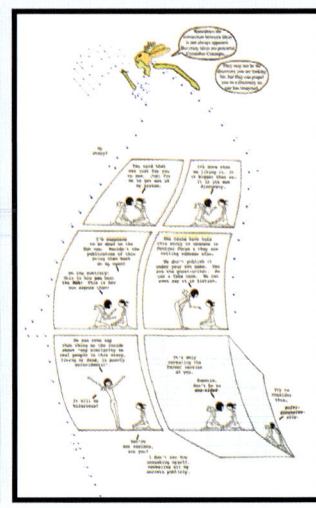

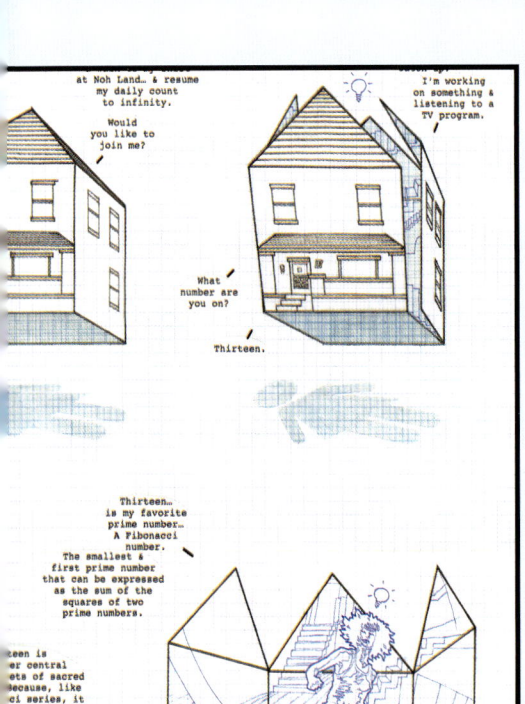

Quantas páginas vocês finalizam por dia?

MALEEV: O que eu pinto, deixo no computador da noite para o dia. Quando volto de manhã e vejo aquilo de novo, geralmente percebo algumas coisas erradas. Aí, no dia seguinte, vai ficar completo. Leva algum tempo.

MACK: Tento fazer uma página por dia. Mas existe a tentação de encerrar uma página, deixá-la 100% antes de passar para outra. Você quer uma sensação de fechamento antes de entrar na seguinte. Mas às vezes só consigo resolver 90% da página. Tudo bem. Siga em frente. É porque você não tem objetividade, naquele instante da história, para saber como tudo se encaixa. É como editar um filme. Primeiro você capta as imagens brutas e, depois, quando for um todo, você refina.

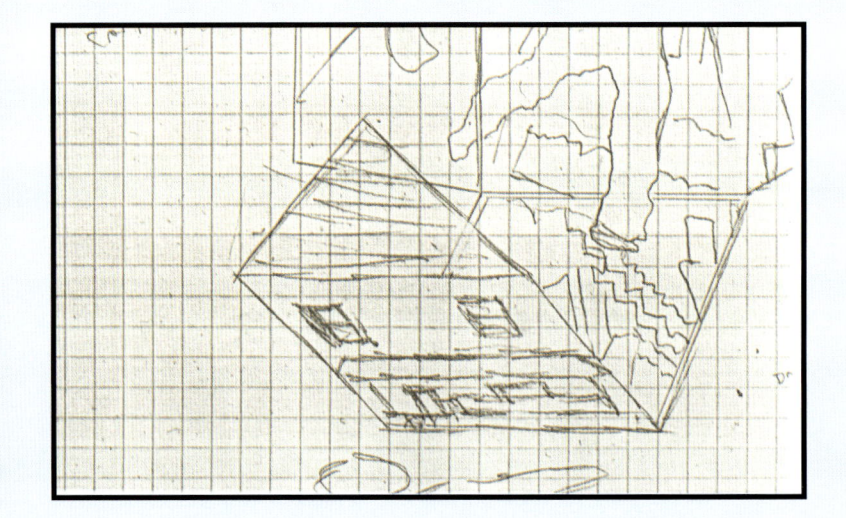

TODOS OS DESENHOS
David Mack

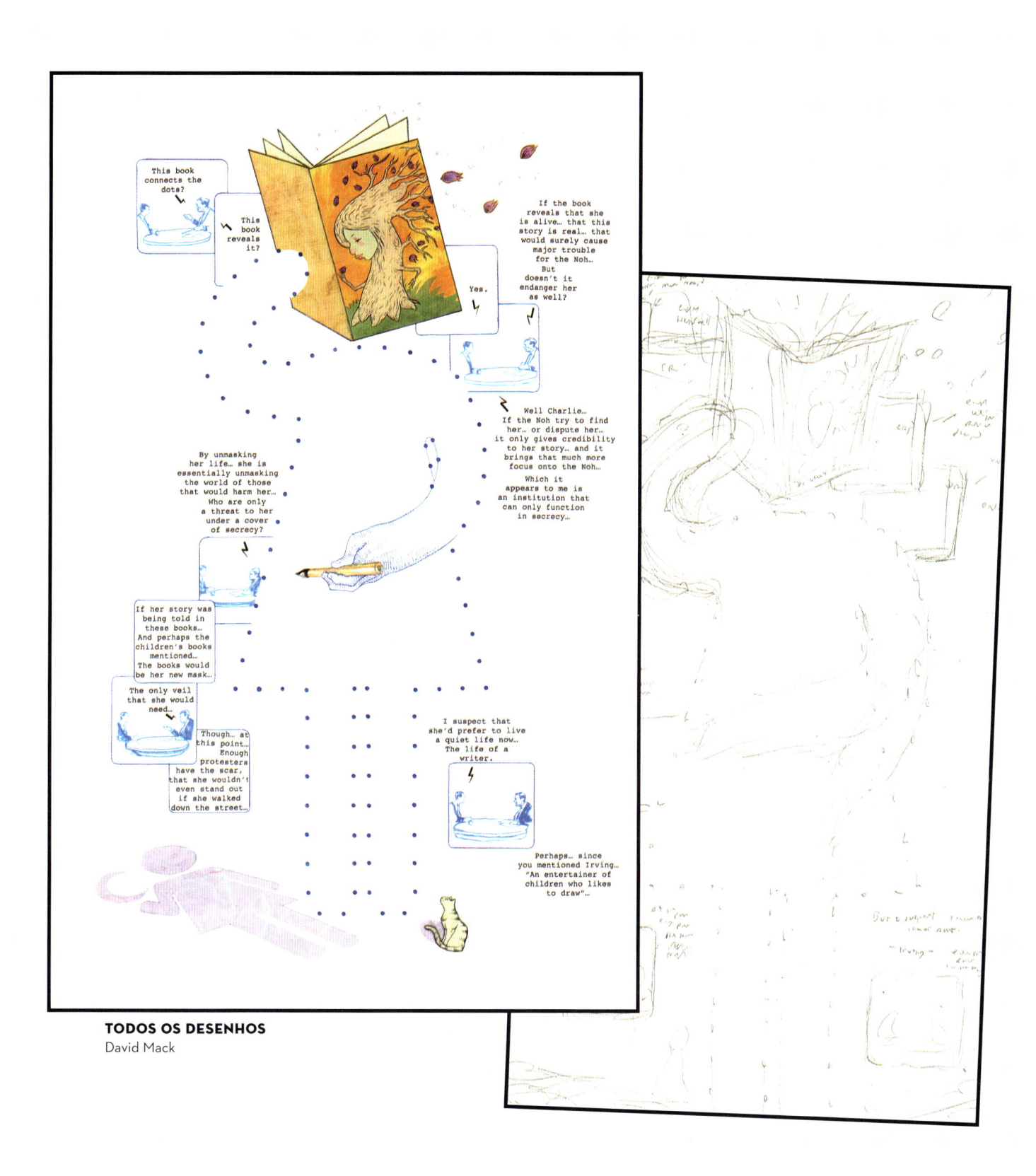

ACIMA E ABAIXO
Desenhos de Alex Maleev

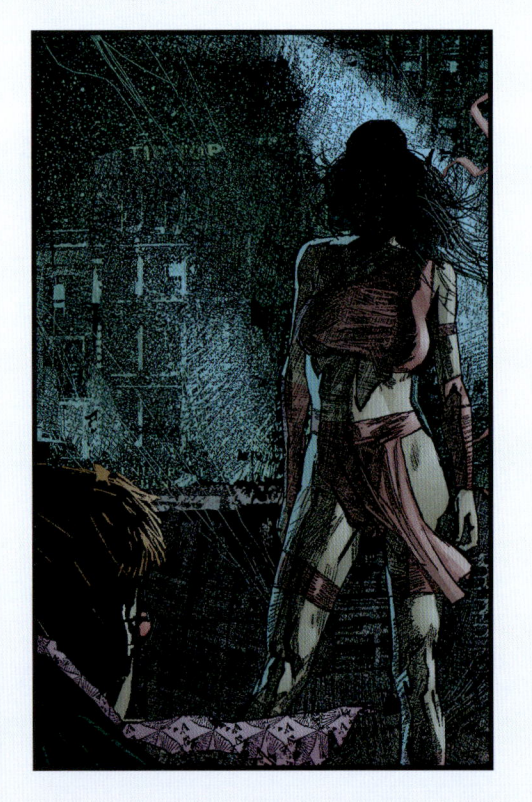

David, você trabalha mais em tela e depois passa um tempo no Photoshop?

MACK: Não. Não que eu tenha algo contra o Photoshop. Gosto de trabalhar com as mãos e de resolver as coisas manualmente. As soluções me ocorrem de um jeito que não ocorreriam se eu não estivesse envolvido com o material, testando os limites dos meios. Nunca usei Photoshop. Não entendo nada de Photoshop. Vejo o que o Alex faz e fico pensando: "Eu deveria tentar, olha só como ele faz isso, sensacional." Por isso imagino que um dia também vou fazer experiências com essa ferramenta.

MALEEV: Uso o Photoshop por causa da velocidade e da liberdade. Velocidade: porque tenho prazos e esse trabalho paga meu aluguel e minha hipoteca. E liberdade: porque você pode fazer o que quiser em qualquer momento do processo. Isso é libertador.

Minha formação é em gravura. Tenho diploma de gravurista e se quisesse podia dar aulas de gravura. Meu verdadeiro amor é a tinta na prensa. Se me dão tinta, estou feliz. Mas assim não consigo pagar as prestações da casa – e a minha família ficaria arrasada.

Photoshop? Sim. Amo Photoshop. É ótimo. Comprei faz dez anos. Digo abertamente que o Photoshop salvou minha vida e minha carreira.

No Photoshop, todos os quadros são feitos em um tamanho muito, muito maior que o da página impressa. Depois encolho tudo para fazer caber.

O que vocês mais gostam de ver em um roteiro? Quando um roteirista entrega o texto, o que deixa vocês mais empolgados?

MALEEV: Gosto de desenhar gente conversando no bar. Não gosto de desenhar centenas de *aliens* saindo de uma espaçonave.

É a resposta mais honesta que tenho para dar. Adoro o jeito mais *noir*, escuro, de contar história. A última coisa que gosto de ilustrar é brigalhada. Geralmente é a página que deixo por último – porque tenho de desenhar, porque tenho de entregar amanhã e *vou ter* de desenhar.

Gosto de um estilo meio europeu, meio *indie* no que faço. São essas histórias que eu amo. *Demolidor* era exatamente isso.

Como vocês avaliam histórias que têm um significado mais profundo em comparação com histórias que valem apenas pela diversão?

MACK: Para eu me divertir, a história precisa ter um certo significado.

ACIMA E ABAIXO
Desenhos de David Mack

Desenho de Alex Maleev

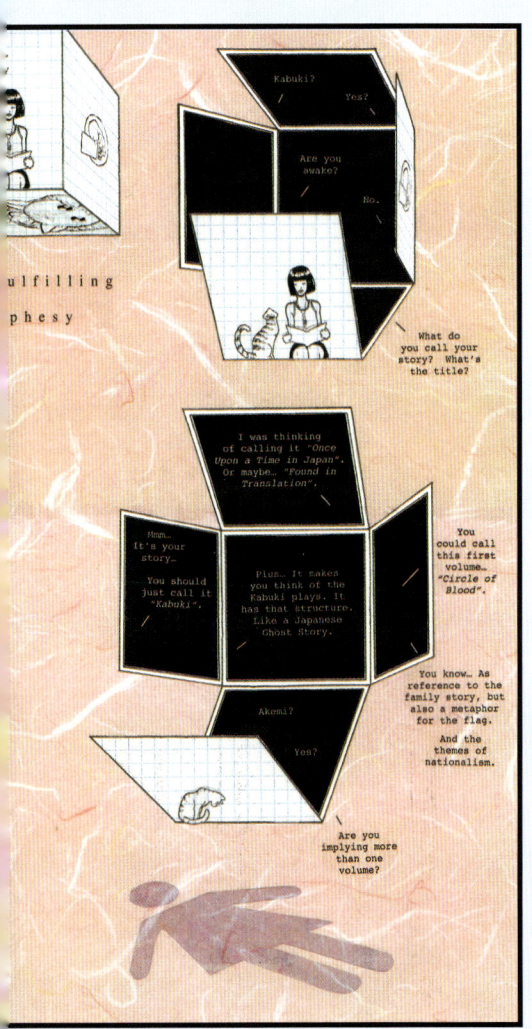

Desenho de David Mack

Geralmente, quando seleciono um projeto, gosto de escolher aquele que vá a lugares aonde não fui ou que trate de uma coisa que eu nunca tenha feito. Tento encontrar uma conexão, em algum nível, pessoal. Feito isso, tento torná-lo divertido para mim e espero que seja divertido para os outros.

Você nunca tem como adivinhar o que vai ser divertido para o mínimo denominador comum ou para um grande número de pessoas. Se chamar sua atenção e você seguir animado enquanto faz, essa é a sua bússola. Às vezes as pessoas gostam; às vezes não vai ser a praia delas. E há outras vezes em que o projeto vai achar seu público com o tempo.

Vocês têm conselhos sobre como lançar um projeto em quadrinhos de longa duração, quando você só recebe no final?

MACK: Sim. Economize. E seja modesto no seu custo de vida.

Se você tiver oportunidade de fazer o que quiser, faça primeiro e depois mostre aos outros. Isso funcionou comigo em *Kabuki*. Eu consegui fazer e aí disse: "Eu que fiz, querem ver?"

Existe muita gente que recebe uma proposta de emprego, aí cai fora e nunca termina. Os editores sabem que, se vão investir tempo e esforço num projeto, é bom saber que ele vai até o fim.

Se você preparar algo antes e mostrar aos editores, já sai com uma grande vantagem. O primeiro volume de *Kabuki* saiu faz vinte anos. Nunca saiu de catálogo. Ele encontra seu público com o tempo. O projeto não tem de deslanchar de imediato.

O que inspirou vocês a fazerem quadrinhos com várias mídias, já que não é um modelo comum?

MACK: Fiz muitos trabalhos com várias mídias antes de fazer quadrinhos. Minha mãe era professora de primeira série e, se eu tivesse de citar minha maior influência artística, teria de dizer que foi ela. Quando era criança, eu podia mexer com o material de artes que ela usava em aula. Ela montava planos de aula visuais para ajudar os alunos a aprenderem os números, as estações, as sílabas, as cores. Ela tinha tinta, cartolinas, fita-crepe e tesoura para criar imagens que fizessem os alunos se lembrarem de tudo. Eu absorvi bem cedo essa ideia da arte como ferramenta para comunicação, e esse uso de várias mídias e colagens provavelmente grudou em mim.

Por que quadrinhos?

MACK: Quadrinhos são sensacionais porque é uma das últimas mídias piratas – onde uma pessoa pode transmitir [sua] expressão artística completa e levar a uma gama de pessoas bastante ampla. No rádio, na televisão, você precisa de autorização. Você não tem de assinar um formulário do governo para fazer quadrinhos. Não precisa fazer prova de habilitação antes de fazer quadrinhos. Você pode ter uma ideia e fazê-la virar realidade por conta própria.

MALEEV: Sou muito bom em fazer quadrinhos, então por que não?

Desenho de Alex Maleev

Desenho de David Mack

COM O FOCO EM: MICHAEL AVON OEMING

Michael Avon Oeming é um quadrinista premiado que começou a trabalhar profissionalmente aos catorze anos. O verdadeiro mil e uma utilidades, ele já trabalhou para todas as editoras norte-americanas de quadrinhos, tanto grandes quanto pequenas. É mais conhecido por seu trabalho autoral em *Powers*, *The Mice Templar*, *Victories*, *Takio* e *The United States of Murder, Inc.*

OEMING: Comecei a me interessar por quadrinhos quando estava na sexta ou sétima série. Morei quase a vida inteira em New Jersey. Tive de me mudar para o Texas e não consegui me ajustar. Era como viver em outro mundo. Até que um dia minha família foi a um mercado de pulgas, encontrei uns gibis do Homem-Aranha e gostei muito. Aí voltei para pegar mais. Acabei encontrando *X-Men* e *Novos Mutantes* com desenhos do Arthur Adams. Aquilo me deixou pirado.

Assim que comecei a desenhar, eu não era lá grande coisa no lápis, mas minha arte-final era boa. Comecei a mandar amostras para várias editoras sem saber se ia conseguir serviço. Só queria uma avaliação. Steve Rude, um dos meus heróis, criador de *Nexus*, me respondia. Ele fazia um monte de anotações no meu trabalho, como: "Isso ficou muito ruim, faça de novo, conserte isso e isso", sabe? Todo escritor tem um milhão de palavras ruins para botar para fora. Da mesma forma todo desenhista tem um milhão de linhas.

Você guardou alguma dessas correspondências?

OEMING: Sim, guardei todas as minhas cartas de negativa. Em certo sentido, são boas memórias. Você aprende com essas coisas.

Dei um jeito de conseguir serviço mandando trabalho e tentando conseguir avaliação. Foi para uma editora chamada Innovation, numa série chamada *Newstralia*.

Acho que eu tinha uns catorze anos. Era muito imbecil para saber se podia continuar, se ia conseguir mais serviço e tal, mas fiquei me sentindo: "Oh, uau, uma coisa que eu fiz saiu num gibi" – e nunca me ocorreu que talvez eu nunca fosse publicado. Eu simplesmente não sabia. Mas dali em diante segui trabalhando.

Quadrinista profissional aos catorze. Uau. E *Powers*?

OEMING: Antes de *Powers*, meus primeiros trabalhos foram bem mais traço forte. Eu queria ser o Michael Golden. Tentei conseguir serviço em séries como a baseada no desenho animado do *Batman*, só que não deu certo. Mas foi tentando fazer isso que percebi tudo de que eu gostava em arte estilo Alex Toth. Foi aí que se criou o estilo *Powers*. Partiu daí.

Como você descreveria seu processo artístico em *Powers*?

OEMING: Geralmente faço esboço e *layout* num bloquinho de desenho que sempre carrego comigo. Faço esboços bem soltos e, quando escaneio, posso levar para o Photoshop. Aí dá para mudar a posição dos personagens. Imprimo o desenho em tinta azul, que não sai na impressão. (Obs.: O lápis normal, até o sem nanquim, pode sair na impressão. O lápis azul-claro "não reproduzível", não. É uma técnica bem conhecida que ajuda o artista gráfico a criar uma página final mais limpa.)

Eu costumava usar aqueles pincéis e penas caras que dizem que são as certas. Os pincéis de dezessete dólares que racham quase na mesma hora, que a maioria das lojas já estraga quando coloca na prateleira. Isso virou um incômodo, então fui na opção mais simples possível. Se não der para comprar na Staples ou numa papelaria comum, eu não quero.

São poucas as coisas que peço fora da internet. Pincéis Pitt, coisas do tipo. É tudo que uso para desenhar, fora um pincel de aquarela baratinho. De resto é caneta esferográfica e coisas desse tipo.

TODOS OS DESENHOS NESTA SEÇÃO
Michael Avon Oeming

132 ESCREVENDO PARA QUADRINHOS

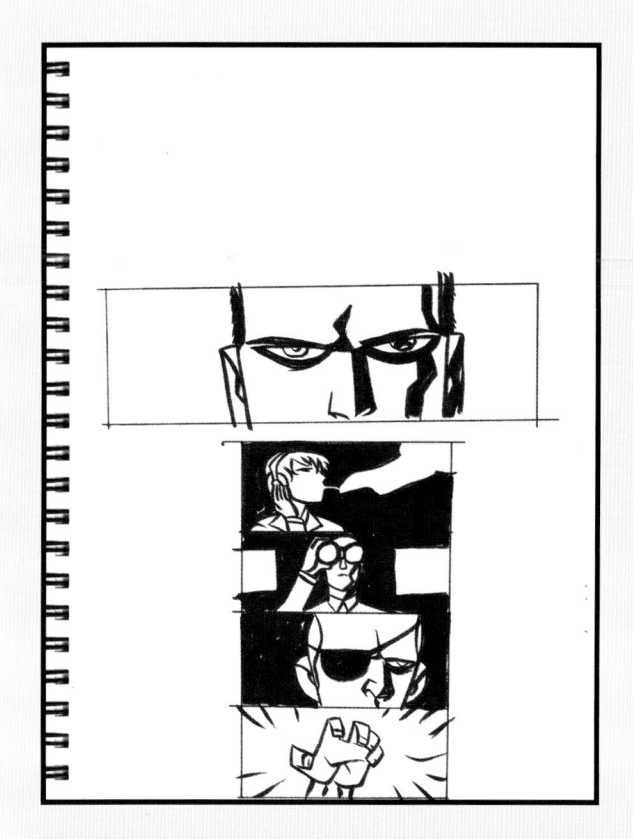

Você sempre anda com esses apetrechos?

OEMING: Constantemente. Eu falo em tom de piada, mas uma das coisas que movem um desenhista é a ideia de compulsão. Tenho transtorno de ansiedade e essas coisas, e se não fico desenhando ou não tenho meus desenhos comigo em algum momento, eu literalmente piro. Já ficamos com pausas entre projetos e eu ligo para você para dizer: preciso de roteiro, agora.

Você terminou nossa *graphic novel Takio*, um álbum de 93 páginas, em seis semanas. Foi uma loucura. Imaginei que você fosse tirar um fim de semana para relaxar. No dia seguinte você me ligou e disse: "O que você está fazendo? Qual é?"

OEMING: Eu levo meu bloquinho aonde vou. E, quando dizem que é para você sempre andar com ele, é para andar mesmo. Não existe motivo para não ficar sempre rabiscando. E, se você tiver com gente que não gosta disso, então não é para você andar com essa gente.

Qual é o maior erro que os roteiristas cometem nos roteiros?

OEMING: Não deixe para mencionar só na página doze que seu personagem carrega uma espada, porque isso atrapalha muito o desenhista. Não é bom. Às vezes desenhamos conforme recebemos páginas do roteiro. Não lemos todo o roteiro de uma vez só. Quando se tem um tempo apertado para cumprir o prazo, você precisa sair desenhando.

Às vezes seu cérebro só consegue lidar com um tanto de informação, então você pega três páginas naquela semana e só vai ler aquilo.

Como você vê o futuro dos quadrinhos?

OEMING: Existe um lapso muito grande entre onde estamos e aonde eventualmente as coisas vão chegar. Passei um tempo com a certeza de que o impresso tinha morrido. Não acredito mais nisso. Pesquisei muito, e você precisa ver a quantidade de gente lendo gibi.

134 ESCREVENDO PARA QUADRINHOS

Não são os números de vendas dos gibis: é o fato de que somos a liderança na cultura pop. Agora todos os filmes são de quadrinhos. Há milhões de pessoas jogando *games* baseados em quadrinhos.

As pessoas veem quadrinhos, seja em formato físico ou digital.

Acho um absurdo quando dizem que os quadrinhos estão morrendo.

Quais são suas metas pessoais agora? Onde você se vê?

OEMING: Não preciso ser um quadrinista famoso. Preciso ser quadrinista. Tive de chegar lá embaixo para poder dizer: "Preciso ser quadrinista." Consigo lançar alguns gibis por ano e, se é isso que eu consigo, é isso que faço.

Eu amo quadrinhos. Odeio quando dizem que é um bico para quando não se tem outro emprego. Se você está aqui, é porque quer fazer quadrinhos. Ache o campo de trabalho onde você consiga emprego, mas seja feliz. Escolhi um emprego de segurança para ter tempo de desenhar.

Se quiser ser escritor, escreva.

OEMING: Isso vale principalmente para roteiristas. Para eles é bem pior. A maioria parece que só chega no ápice aos trinta e muitos, quarenta – porque você só se torna bom escritor vivendo e aprendendo.

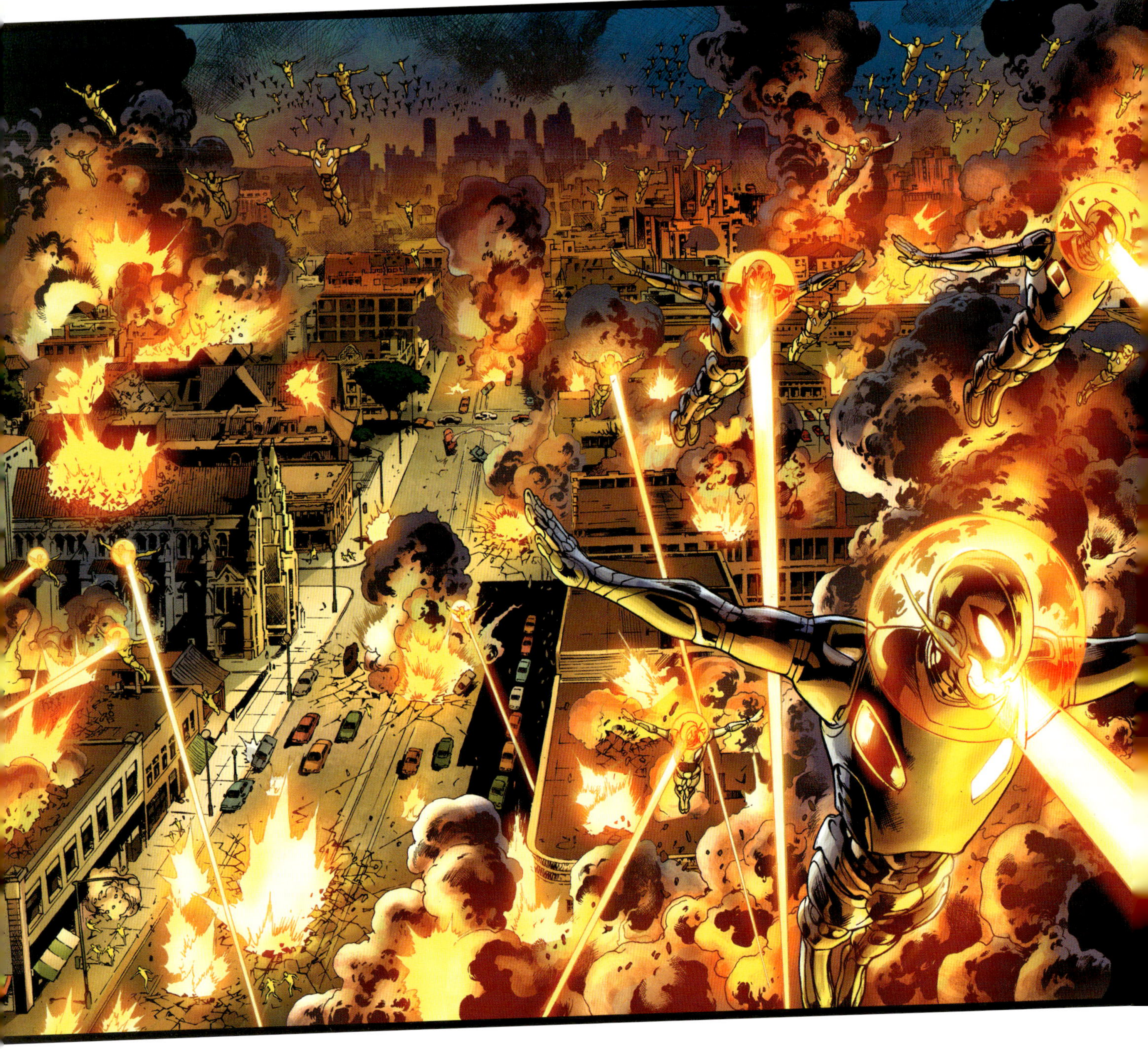

CAPÍTULO 4

A MESA-REDONDA DOS EDITORES

UM DOS GRANDES MISTÉRIOS PARA TODO ROTEIRISTA É A relação que se deve ter com o editor: como faço para um editor me contratar? O que os editores esperam de mim? Como faço *networking*? Como me comporto? O que faço para impressionar?

Não existe jeito melhor de acabar com o mistério do que ir direto às fontes. As perguntas a seguir foram apresentadas aos que considero alguns dos melhores editores no ramo dos quadrinhos. Você vai ler respostas de Scott Allie, editor-chefe da Dark Horse Comics; Sana Amanat, editora da Marvel Comics; Tom Brevoort, vice-presidente editorial e editor executivo da Marvel Comics; Nick Lowe, editor sênior da Marvel Comics; Bill Rosemann, diretor criativo e editor da Marvel Comics; Lauren Sankovitch, ex-editora da Marvel Comics; e Steve Wacker, ex-editor sênior da Marvel Comics.

Quem está querendo entrar no mercado, subir naquele muro mágico que divide amadores e profissionais, leia com toda a atenção e leve essas palavras muito a sério. Elas vêm direto das fontes. Tudo muito sincero e realista…

Qual o erro que a maioria dos novos talentos comete ao enviar trabalhos?

BREVOORT: Acho que o mais comum, o maior erro, é mandar material demais. É da natureza humana querer impressionar com um volume de produção imenso, mas eu contrato roteiristas com base na qualidade do trabalho,

PÁGINA DA ESQUERDA
Desenho de Bryan Hitch

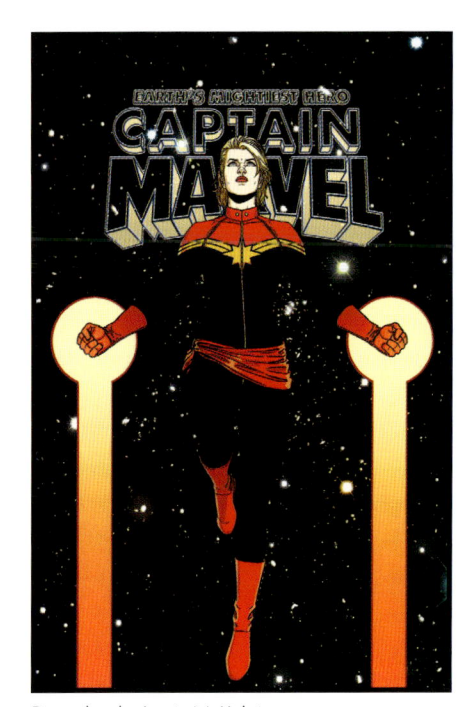

Desenho de Jamie McKelvie

Desenhos de Filipe Andrade

não na quantidade. E todos esses gibis e manuscritos e romances e roteiros de cinema que você vai me mandar têm de ser lidos – assim como o roteiro da HQ que tenho de pôr em produção hoje. Por isso seu melhor trabalho, aquele do qual você mais se orgulha e que melhor o representa, aquele trabalho com mais chance de fazê-lo botar um pé dentro do mercado, se perde na pilha de todo o resto que você mandou.

LOWE: Ser muito agressivo. É muito parecido com chegar em alguém num bar. Geralmente a pessoa fica com um jeito de desesperada, supernervosa. E não é isso que eu procuro, nunca.

ALLIE: Propor *teasers* em vez de apresentar propostas de fato. Com o volume de trabalho que eu tenho, é improvável que um *teaser* vá me envolver a ponto de eu dar um retorno – a não ser que eu saiba que você dá conta. Se eu não tiver familiaridade com seu trabalho, preciso ter certeza de que você sabe contar uma história, não só preparar terreno.

WACKER: Erro Número 1: Presumir que você não precisa de outros créditos de escrita para conseguir serviço nos quadrinhos. É provável que isso tenha valido em outros momentos, mas não nesta era em que até o roteirista do gibi menos vendido do mercado foi posto à prova antes.

Erro Número 2: Propor histórias com personagens [da Marvel]. Por motivos jurídicos, nem podemos olhar. Mas o problema maior é que ter uma

Desenho de Olivier Coipel

ideia com nossos personagens não é a mesma coisa que mostrar que você consegue executar uma revista em quadrinhos.

Erro Número 3: Vai de mãos dadas com o Erro Número 1, que é a pessoa não enviar propriamente uma HQ. Creio que em praticamente todo empreendimento artístico, hoje em dia, você precisa mostrar ao pessoal da grana que não precisa deles para fazer o que faz. Se você conseguir fazer tudo isso sem eles e ter sucesso, você vira uma oportunidade, que é do que eles precisam. Então, sendo rápido e rasteiro... o maior erro é esperar que alguém descubra você.

AMANAT: Para roteiristas, é quando eles não estão cientes da continuidade recente da Marvel ou de grandes sagas que podem afetar as histórias que eles contam. Claro que é nosso trabalho de editor captar essas coisas, mas talvez eles não percebam como essa saga ou a continuidade dos acontecimentos pode afetar positivamente as histórias deles e facilitar todo o processo.

Além disso, muito roteirista manda uma pilha de HQs que já publicou. Devido ao nosso tempo curto, não vamos ler tudo. Por isso, mande uma ou duas amostras do que você fez de melhor – mesmo que seja uma HQ que você publicou na internet por conta própria. Se gostarmos, vamos pedir mais.

Desenhistas costumam mandar arquivos gigantes que entopem nossa caixa de entrada. Confira se o arquivo que você vai enviar é um PDF leve, de não mais que quatro mega. Eu costumo preferir *links*, desde que o *site*

Desenho de Leinil Francis Yu

seja de navegação fácil, com *links* em destaque para suas amostras. Em termos das amostras em si, desenhistas não devem mandar apenas capas e páginas com um quadro só. Uma página gigante do Wolverine é muito fácil se você for um desenhista passável, mas não me diz nada sobre suas habilidades no geral. Até onde eu sei, você pode ter copiado por cima de outro desenho. Se você tem interesse em fazer páginas internas, comece pelas sequenciais (desenhos que contam uma história), mostre suas habilidades narrativas.

ROSEMANN: No caso dos roteiristas, é muito difícil julgar suas habilidades com base numa proposta escrita. Aliás, juridicamente nem temos autorização para olhar propostas que não encomendamos. Então, em vez de mandar aquela grandiosa proposta do novo *Quarteto Futuro*, você precisa nos mostrar algumas edições da HQ que publicou de forma independente – em formato impresso ou digital, tanto faz – para ver se você tem tudo de que precisa para escrever vários capítulos de uma história envolvente.

Quanto aos desenhistas, muitos novatos não entregam portfólios que contenham os elementos de que precisamos para entender se eles estão – ou não – prontos para serem desenhistas profissionais e se podem ser publicados. *Pin-ups* e capas são legais – dão uma ideia se a pessoa pode projetar uma imagem comercial e empolgante –, mas será que incluíram páginas internas, com vários quadros, que mostrem que eles entendem e dominam as regras básicas da narrativa inteligível? E eles conseguem desenhar os elementos não tão divertidos que costumam aparecer nas nossas histórias, como prédios, carros, escritórios e, *sim*, aqueles malditos cavalos?

Desenho de Ryan Stegman

SANKOVITCH: Personalize as mensagens que enviará a um empregador potencial. A maioria dos editores recebe uma grande quantidade de cartas e interage com muitos autores todo dia. Você quer que sua abordagem seja tanto profissional quanto bem pensada. Pesquise sobre o trabalho atual do editor e certifique-se de que é um corpo de trabalhos que fecha com seus interesses profissionais. Se você quer escrever e desenhar gibis para crianças, um editor de terror talvez não seja a melhor opção.

Qual é o erro que a maioria dos novos talentos comete quando recebe o primeiro serviço?

BREVOORT: Eu queria dizer que é simplesmente não cumprir o prazo, que travam, mas dizer isso não ajuda. Provavelmente seja o outro lado: ficar tão preocupado com o roteiro a ponto de você, como roteirista, ficar paralisado. É seu primeiro chute a gol num time de primeira divisão, e você acha que precisa fazer a bola atravessar o goleiro. Tem de ser sua meta, com certeza, mas também é bom, e esperado, que você só chute para dentro do gol. Seu primeiro roteiro de HQ provavelmente não vai ser *Watchmen*, então, embora você deva levar o trabalho a sério, não precisa ficar refinando tudo *ad infinitum*. Além disso, cuidado para não escrever mais do que devia, que é uma armadilha na qual muito novato também cai.

LOWE: A resistência despropositada a comentários do editor. Não interessa quem é seu editor ou editora nem se você concorda com as tendências dele ou dela. Quando você entra no mercado, seu público primordial não é

Desenho de Mike Mignola

Desenhos de David Finch

A MESA-REDONDA DOS EDITORES

Desenho de Humberto Ramos

Desenho de Patrick Zircher

quem vai ler a HQ, mas os editores com quem você trabalha, porque são eles que o *contratam*. O público leitor não tem como contratá-lo (a não ser numa publicação independente, imagino eu). Por isso é muito importante tentar achar um editor que entenda e valorize suas predileções para se ter a melhor experiência possível. Saiba que você não é perfeito e acredite que o comentário que foi feito tem a ver com algum problema naquilo que você entregou. O pior que pode acontecer é aborrecer a pessoa que o contratou e que trabalha com um monte de gente que também o contratou. E um conversa com o outro...

ALLIE: O pior é comprometer-se com muito trabalho e estourar os prazos. Se você perder o prazo, essa é a primeira impressão que fica. Não interessa que seu trabalho seja muito bom. Eu já vou saber que não posso contar com você. Mas o erro mais comum é postar coisas na internet antes de pedir ou anunciar um projeto antes que tenhamos um plano armado para a divulgação.

WACKER: Propor uma história que de uma hora para outra conserta um detalhe da continuidade que sempre incomodou o roteirista ou uma história que dá sequência a outra de 25 anos atrás.

Do meu ponto de vista, em todo serviço que lhe passam você vai ter vinte páginas para propor uma "Experiência", com E maiúsculo, a outra pessoa. Todo projeto é uma oportunidade para capturar o leitor e fazê-lo se lembrar de uma HQ, e de você, para sempre. Jogar isso fora por causa de um detalhe obscuro da continuidade é desperdício.

AMANAT: [Autores] se empolgam demais e aceitam trabalhos demais sem pensar no quanto conseguem dar conta. E, assim que começam a chamar atenção, passam a ir a convenções [que] sugam o tempo de que precisavam para trabalhar naquele projeto. Dedique toda sua energia ao novo serviço, tanto do ponto de vista criativo quanto do profissional. O *Criativo* e o *Cronograma* deveriam ser seus mestres.

ROSEMANN: Ter mais olho que barriga, principalmente se for intencional. Veja bem: entendo a vontade de agradar o chefe – e entendo novatos que ainda não sabem o quanto podem e não podem fazer no tempo que têm. Mas, se você sabe com certeza que não consegue entregar uma coisa no devido tempo, não diga que consegue. É sempre bom trabalhar com alguém que confiamos que dará conta do trabalho e da situação. Mas você vai sabotar sua carreira se, logo de saída, não entregar no prazo.

SANKOVITCH: Não sobrevalorize sua capacidade porque quer impressionar. Seja brutalmente sincero consigo e certifique-se de que tem tempo e material para fazer seu trabalho bem e no prazo. Os quadrinhos são uma

Desenho de Leinil Francis Yu

comunidade relativamente pequena e bem interligada, por isso tenha em mente: você não tem segunda chance de causar uma primeira impressão.

O que um novo roteirista ou aspirante a autor pode fazer para chamar sua atenção de forma positiva?

BREVOORT: Nada é mais exitoso que o trabalho em si. Conheço muita gente dentro e fora da indústria, e muita gente que está dando duro para entrar ou continuar aqui. E há pessoas sensacionais nesse grupo. Mas nada disso vai importar quando for a hora de contratar alguém para um serviço. Nesse momento, o que interessa é se você é bom na página, naquele instante – não se você foi bom anos atrás ou se um dia você vai ser bom. Existem outros fatores também, claro – confiabilidade é o primeiro. Mas não vou ligar para o cara mais confiável do mundo se o que ele produz não tem aquele brilho.

LOWE: Gentileza e trabalhos publicados. O segundo é óbvio, mas o primeiro é esquecido com *frequência*. Não seja insistente, não se ache no direito, não resmungue. A última coisa que você quer é que o editor se arrependa ao ver seu *e-mail* ou seu número de telefone.

ALLIE: Apresente-se em convenções como um adulto profissional, e me entregue ou me dê *links* para trabalhos finalizados que eu possa ler e julgar. Não perca tempo me pagando um drinque ou almoço, pois isso eu quero com outras pessoas. Deixe-me empolgado quanto ao que você faz, e mostre-me que seria legal trabalhar com você.

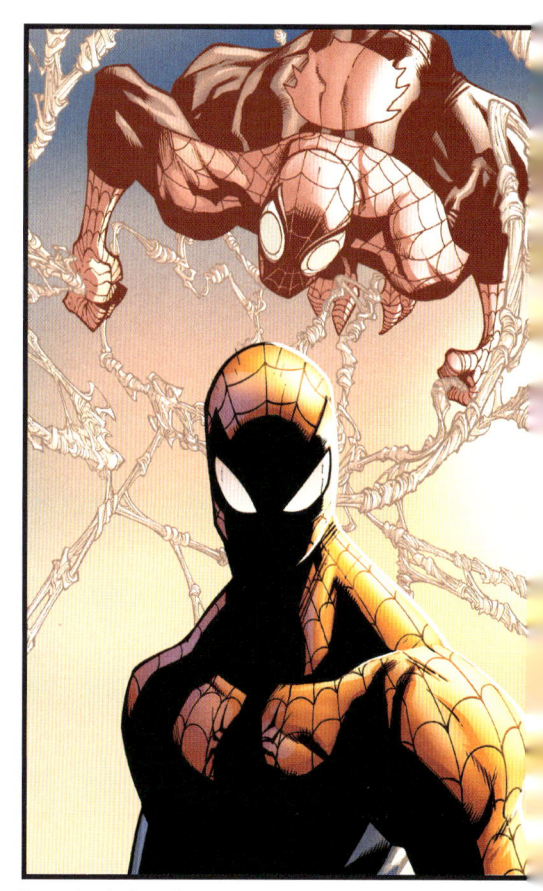

Desenho de Ryan Stegman

WACKER: Me dê uma história que diga algo sobre a condição humana, que tenha uma sementinha de verdade emocional, que mostre os personagens sob outra perspectiva ou que explore mais a fundo algo que eu já conheça deles. E, em algum momento, me dê diálogos que me façam sorrir, rir ou chorar.

AMANAT: Pesquise as revistas em que trabalhei e direcione seus trabalhos de acordo com elas. Os editores tendem a criar um estilo próprio conforme evoluem, então, se você acha que se encaixa com os roteiristas ou desenhistas com quem trabalhamos, diga isso e mostre exemplos que provem isso. Além disso, editores geralmente têm certas séries (revistas do Aranha ou dos X-Men, por exemplo), por isso envie amostras que possam dar certo com um título em particular em que trabalhamos. Estamos sempre em busca de novos talentos, mas, quando você tem na mira especificamente nossas séries ou nossos estilos, ajuda no nosso trabalho.

ROSEMANN: Não precisamos de fogos de artifício nem de uma carta de apresentação elaborada nem de um pacote da FedEx. É só fazer seu trabalho chegar à nossa vista de maneira simples e conveniente. Você pode nos enviar *links* para seu portfólio na internet, ou um PDF da sua HQ, ou até mandar sua HQ pelo correio normal – é tudo de que precisamos para julgar seu trabalho. Já contratei muitos autores só porque compartilharam o trabalho comigo e meu instinto me disse para lhes dar uma chance. Você não precisa fazer alarde – a nata sempre vai subir.

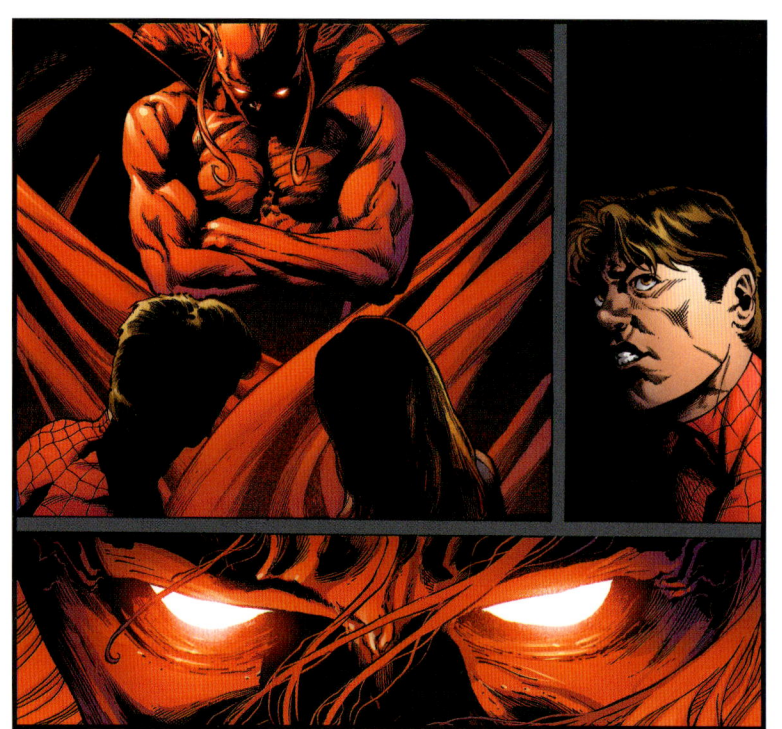

Desenho de Giuseppe Camuncoli

Desenho de Joe Quesada

SANKOVITCH: Encontre aquele equilíbrio apropriado entre ser simpático e ser profissional. Ninguém gosta de peixe morto, mas é igualmente desmotivador você ser excessivamente amigável. E higiene. Aparência limpa e digna sempre conta a favor.

Diga uma coisa que um novo talento fez que mais o impressionou.

BREVOORT: Fora as respostas óbvias quanto a ser pontual com o serviço, ser comunicativo, dar duro e assim por diante, o que mais me impressiona num novo talento tende a ser o trabalho em si. Mostrar que tem domínio da arte. Saber, seja por instinto ou por formação, quanta informação vai caber num quadro ou numa página. Não exagerar nas descrições dos quadros. Fazer o fluxo da história parecer tranquilo, que ela seja suave, que tudo esteja no seu devido lugar. E, acima de tudo, ter algo a dizer que provoque alguma reação emotiva. Isso é o cerne do motivo pelo qual precisamos de histórias, portanto perdoarei quem conseguir fazer isso muitas vezes e com regularidade.

LOWE: O roteirista Sam Humphries fez duas HQs muito bonitas e bem escritas, e as enviou para editores bem específicos que ele achou que iam reagir bem a cada uma. Elas eram desenhadas por profissionais (para quem eu acho que ele pagou), com bom *design*, e (*o mais importante*) bem escritas. Ele não só mostrou que sabia escrever, mas também teve perseverança para levar um projeto até o final.

Desenho de David Finch

Desenho de John Romita Jr.

Desenho de Francesco Francavilla

Desenho de Chris Bachalo

ALLIE: [Eles] aceitaram conselhos. Seja mudar alguma coisa no roteiro, seja melhorar uma amostra de trabalho, seja repensar o plano de um projeto, a capacidade de aceitar conselhos e ao mesmo tempo se mostrar esforçado numa coisa é um talento raro e admirável em quem está começando.

WACKER: O que sempre gosto de ver em novos roteiristas é a capacidade de aceitar o que ainda não sabem. Serem abertos não só a comentários editoriais (que, admito, nem sempre são benfeitos), mas também à contribuição do desenhista. Para o roteirista novato e incrível, os quadrinhos sempre vão ser uma colaboração, já que ele não desenha. E deve-se ter a consciência de que pode levar anos para se aprender a magia de verdade [que] acontece nos quadros. Quanto antes você meter isso na cabeça, melhor você vai ser.

AMANAT: Quando entregaram páginas antes do prazo. Quando deram uma perspectiva da história que não existia durante a fase de roteiro, fizeram a história ter uma voz que não tínhamos [ou] não imaginávamos antes. Quando foram receptivos a comentários e atrasos nossos. Isso conta muito, principalmente porque o processo pode ser muito estressante do nosso lado, pois lidamos com várias séries, e às vezes não temos controle sobre os atrasos. Ter um autor que seja tranquilo e controlado facilita muito nosso trabalho – e aí temos tendência a querer trabalhar com ele/ela de novo.

Documento de discussão Fabulosos X-Men

Brian Michael Bendis

Estreia em outubro, nas páginas de Fabulosos X-Men-

DIAS DE UM FUTURO PRESENTE

Depois dos resultados desastrosos de Vingadores versus X-Men, o pandemônio em torno dos mutantes está no seu ápice. Ciclope e o que resta do Quinteto Fênix tornaram-se revolucionários mutantes de fato, o que se ilustra com uma cena fantástica em que Ciclope deixa clara sua postura de "não fazemos prisioneiros".

Hank McCoy, Tempestade, Wolverine, Homem de Gelo, Kitty e os outros ficam assistindo ao caos, revoltados. Vão fazer o quê? Se enfrentarem Ciclope, o próximo passo será a GUERRA CIVIL MUTANTE.

E se isso acontecer... ninguém vence.

          Tempestade
    Se o jovem Scott Summers visse o que se tornou... ele ficaria enojado.

          Homem de Gelo
    Quando éramos jovens, estávamos sempre preocupados com o pesadelo do apocalipse mutante... se nossos eus mais novos vissem o que está acontecendo hoje, ia ser uma sensação pior que um pesadelo!

O que os X-Men não sabem é que os poderes do 'Quinteto Fênix' foram profundamente alterados devido ao tempo que ficaram com a força fênix.

Scott tem de se reeducar completamente, Emma virou um Cérebro vivo, Magneto teve os poderes totalmente apagados no conflito final de Vingadores versus X-Men.

Os segredos mais tenebrosos dos X-Men revolucionários é que eles estão tão destreinados e despreparados para a guerra quanto estavam no dia em que ganharam poderes.

Hank McCoy atinge mais uma mutação secundária, mas a mantém em segredo. É uma mutação tão intensa que ele teme pela própria vida. Para completar, Hank é atormentado pelos rumos que tomaram seus sonhos juvenis de humanos e mutantes vivendo juntos e teme que não exista mais esperança.

O que Tempestade disse sobre o jovem Scott o assombra.

Ele não consegue tirar da cabeça a ideia de que não há outra pessoa que possa deter Scott Summers de maneira pacífica senão o Scott Summers, que já fora seu amigo.

Hank McCoy viaja no tempo até os primeiros dias dos Fabulosos X-Men (Uncanny X-Men número 9, para quem está em casa) e lhes dá uma chance de salvar o mundo de si.

Os Fabulosos X-Men originais aceitam a proposta e viajam para o presente.

Fim da primeira edição.

O resto da história-

Ao longo do primeiro arco, os fabulosos X-Men originais verão tudo que aconteceu com eles. Verão que a Escola Xavier agora é a Escola Jean Grey.

A jovem Jean ficará abalada até a alma ao descobrir que se sacrificou pelo bem maior da humanidade.

O jovem Scott ficará cara a cara com seu eu futuro, que em muitos sentidos representa aquilo que ele jurou combater.

O Scott mais velho se ASSOCIOU a Magneto?

Todos ficam chocados ao descobrir que Bobby Drake foi quem acabou se dando melhor. Bobby, mesmo de bom humor, fica um pouco frustrado.

E o jovem Hank McCoy acaba conseguindo descobrir como transformar o Fera na figura divertida, peluda, azul e amiga de todo mundo.

Os Fabulosos X-Men originais e os X-Men atuais vão se enfrentar numa cena gigantesca.

No fim, os X-Men originais vão decidir ficar.

          Jean Grey
    É aqui que mais precisam de nós.

Proposta escrita de *Fabulosos X-Men*

Depois...

5 ou 6 meses depois este projeto se divide em duas séries.

FABULOSOS X-MEN vai manter a numeração original e mostrar os Fabulosos X-Men originais se acertando com o mundo de hoje e lutando para que ele seja melhor.

Os Fabulosos X-Men originais e integrantes dos X-Men de hoje vão estrelar a série. Novas amizades, novas relações, drama renovado, nova dedicação a um ideal tão novo quanto era quando foi declarado pela primeira vez.

Além disso, temos uma série cheia de peixes fora d'água, estilo Capitão América, lidando com o mundo novo.

A outra série vai se chamar, proponho eu, X-MEN AGORA, e vai estrelar, primariamente, o Quinteto Fênix lidando com sua batalha mais difícil, seus novos poderes e suas novas batalhas.

Porque é isso que os X-Men são AGORA.

Os Fabulosos X-Men serão joviais e animados. Pense num cruzamento entre a ideia original dos X-Men e a melhor versão dos fugitivos.

Desenhistas ideais- Pachelli, David Marquez, Churchill, Bachalo etc.

X-MEN AGORA será, em muito sentidos, de função similar a VINGADORES SOMBRIOS. Embora não seja tão perversa graças à natureza dos personagens, será uma perspectiva mais madura da dedicação de um revolucionário a fazer do mundo um lugar melhor a todo custo.

Como fica o mundo quando o povo decide que tem de se levantar contra os opressores?

Desenhistas ideais: Immonen, McNiven, Deodato etc.

Os fabulosos X-Men podem ficar no presente o tempo que

A MESA-REDONDA DOS EDITORES

ROSEMANN: Um roteirista, que acabei contratando e com quem trabalho feliz até hoje, me enviou um pacote simples que continha um coleção aceitável de seu trabalho – uma coletânea e algumas revistas soltas. Não era nada luxuoso, mas me demonstrava as habilidades dele como roteirista e, o mais importante, me provava que ele tinha como me fornecer trabalho excelente repetidamente. Nunca esqueça que, nos quadrinhos, conseguir cumprir vários prazos – e fazer isso com todo o empenho que você tiver – geralmente é o elemento-chave do ponto de vista editorial.

SANKOVITCH: Tive um autor recém-chegado que negou um projeto. Ele sabia que as circunstâncias não iam permitir que ele fizesse um bom serviço, por isso disse um "não" elegante. Ficamos em contato até que surgiu outro projeto viável – e o resto é história.

Sem dar nome aos bois, qual é a coisa mais não profissional que um *free-lancer* já armou para você?

LOWE: Não foi só uma vez: sumir no meio de um projeto acontece demais. Seja evitando os editores quando um prazo aperta ou literalmente sumindo.

WACKER: Perder prazos por causa de convenções é uma coisa que ficou comum demais. E isso acontece com roteiristas e desenhistas.

Além disso, tive um *free-lancer* que parece que sempre tinha um parente que "morria" toda vez que trabalhávamos juntos e ele se atrasava. Eles esquecem que já usaram essa desculpa mais de uma vez.

AMANAT: Sair da cidade, quando se aproxima o fim de um prazo, sem avisar os outros. Ficar hostil e sem respeito na correspondência se não gosta do jeito que fiz alguma coisa.

SANKOVITCH: Não é uma história muito escandalosa, mas o comportamento não profissional recorrente é irresponsabilidade. Pode ser um autor que não é realista quanto à sua capacidade de comunicação/relacionamento com a equipe toda, incluindo o editor. Quadrinhos são uma experiência colaborativa e, quando um dos envolvidos não aceita a responsabilidade pelo que faz, o efeito cascata atinge toda a equipe. Não minta. Não se esconda. Seja brutalmente sincero. As relações que você constrói agora, principalmente se você for novo, vão durar mais que seu primeiro projeto, então faça essa primeira impressão ser a melhor!

Desenho de Sara Pichelli

Na minha opinião, esta seção em si já valeu o preço do livro. Foi uma seleção das perguntas mais frequentes, mais desesperadas, que qualquer um de nós, autores profissionais, recebe sobre fazer o que a gente faz, como entrar no mercado e como levar sua genialidade da tela às mãos dos editores.

E agora você tem todas as respostas – direto da fonte. Sinceramente, se eu estivesse tentando entrar nos quadrinhos, ou em qualquer campo criativo, eu leria de novo esta seção e a memorizaria como se tivesse de declamá-la no palco. É *NESSE* nível que você tem de levar esse tipo de informação.

Desenho de John Romita Jr.

Desenho de Concreto por Paul Chadwick

O LADO DO EDITOR: DIANA SCHUTZ

Diana Schutz, ao longo de seus trinta anos de carreira, já passou pelos cargos de editora, editora sênior e editora-chefe da Dark Horse Comics (que publica *Hellboy*, a *Biblioteca Will Eisner*, *Sin City*, *Buffy*, uma pilha de mangás e muitas coisas mais). Ela foi supervisora de alguns dos projetos mais fantásticos na história dos quadrinhos, como *Sin City*, *Os 300 de Esparta*, *Grendel*, *Mage*, *Cerebus* e a *Biblioteca* da lenda Will Eisner. É uma coleção surpreendente de clássicos e quase-clássicos.

Ela também é educadora, o motivo pelo qual virei professor e o motivo pelo qual acabei escrevendo este livro. Ela é franca, crua e vai direto ao ponto. E vai compartilhar aqui algumas duras verdades.

GUIA DOS EDITORES PARA ROTEIRISTAS

Existe um editor na Dark Horse encarregado de conferir propostas. Mas, no meu cargo, ler propostas é uma coisa que eu só posso fazer no meu tempo *livre*. Não existe tempo no cotidiano editorial dedicado a ler propostas.

Cada editora tem seu conjunto de regras de envio de projeto; vale a pena você entrar na internet, conferir o *site* da editora, descobrir quais são as regras para envio de projetos e segui-las.

Mas essa é de longe a pior, *pior* maneira de virar roteirista de HQ. Há outras maneiras bem melhores para se começar.

Se você vai submeter seu trabalho para uma editora, é isto o que você precisa fazer:

Conheça as séries que a editora publica. Não envie uma história do Batman para a Marvel Comics. Não vai dar certo! Você ficaria surpreso se soubesse quanta gente faz isso.

Se vai mandar uma proposta a um editor específico, dê uma conferida no que o editor de fato edita. Eu, por exemplo, não edito nada de super-heróis. E não tenho interesse nenhum em super-heróis. Mas, mesmo que meu nome não apareça listado como editora em *nenhum* quadrinho de super-herói, sempre me mandam propostas de HQ de super-heróis.

Caricatura de Diana Schutz: desenho de Matt Wagner, letras de Dave Sim

Desenhos de *Usagi Yojimbo* por Stan Sakai

Então, se você vai tentar entrar na indústria com um editor específico, dê uma olhada no que ele edita e tente avaliar os gostos desse editor. Por que acabar com suas chances já de saída enviando proposta de uma HQ num gênero que não interesse ao editor? Você precisa fazer o *dever de casa*.

Além disso, recomendo ir a convenções perto de onde você mora ou marcar presença na internet. Muita gente faz quadrinhos na internet. Nos quadrinhos, tanto como em qualquer outra área, é importante fazer seu nome circular: *networking*.

Próximo, para roteiristas que não desenham: lembre-se de que a mídia quadrinhos é primariamente *visual*.

Junte-se a um desenhista que você conheça. Escrever quadrinhos não é só lidar com *palavras*. Tem a ver com imagens, escrever com imagens. E há muito desenhista por aí procurando serviço. Mesmo que o desenho em si ainda não seja publicável, a verdade é que sua proposta tem mais chance de ser conferida se vier com desenhos. Um editor assistente lotado de serviço, ou mesmo uma editora sênior cheia de serviço, ficará mais inclinado ou inclinada a conferir uma proposta com desenhos em vez de pilhas de texto datilografado.

Além disso, quando você for mandar uma proposta a alguém, não pense que mais é melhor, porque não é! Se eu tiver dificuldade para me achar na primeira página de uma proposta, com certeza não vou me dar o trabalho de ler as duzentas que vêm em seguida.

Por isso, deixe sua proposta curta e concisa. Como editora que lê propostas, consigo dizer na primeira ou na segunda página se vale a pena ou não seguir adiante. E você escrever mais dez ou mais cem páginas não vai me convencer do contrário. Você precisa acertar com tudo de saída e me vender o projeto na página 1!

Quando estiver procurando um desenhista com quem trabalhar, recomendo que *não* seja tão ríspido quanto um editor costuma ser quando procura um desenhista para publicar. É claro que provavelmente você não vai encontrar alguém num nível superelevado, mas avalie. Essa pessoa tem potencial para dar conta de tudo? Porque o editor também vai ver esse potencial. Mas, se você já percebe que o desenhista *nunca* vai estar no padrão, então é melhor seguir procurando. Porque, se uma editora abrir um pacote seu e pensar: "São os piores desenhos que já vi na vida", por que ela vai se dar o trabalho de ler o que há nos balões?

Mais uma dica: é sempre bom encontrar o editor antes de enviar uma proposta. As convenções são um bom lugar para se fazer esse tipo de coisa. Mas lembre-se de que editores costumam *viajar* até essas convenções, geralmente de avião, e o espaço na bagagem da pessoa é limitado. Quando vou a uma convenção e vejo gente chegando com um envelope parrudo, lotado de papel, é pouco provável que eu leve para casa e leia.

Mas, se alguém fizer uma minirrevista e me entregar na mão como um lance para conseguir serviço, eu *sempre* leio. E não me interessa se os desenhos ficaram bons ou ruins.

Se você me disser que é roteirista, mas conseguiu alguém para desenhar sua minirrevista só para poder mostrar por aí, se eu souber isso de saída, ignoro o desenho e leio a HQ. Um minirrevista geralmente tem oito pagininhas; é um investimento relativamente indolor, independentemente da qualidade do desenho.

Ou você mesmo pode tentar desenhar. Vale bonequinho de palito. Basta você me explicar que não é desenhista, que não está tentando me vender o desenho. Ao fazer uma minirrevista, você mostra ao editor como consegue lidar com vários aspectos do roteiro de quadrinhos, e garanto que vai aprender muito. No curso de Arte e Literatura em Quadrinhos que dou no Portland Community College, todos os meus alunos têm de fazer uma minirrevista de oito páginas; é um dos três grandes trabalhos do semestre. Quando vejo uma minirrevista, consigo ver se o roteirista levou em conta aspectos como páginas da esquerda e páginas da direita, ritmo, reprodução, espaços. O espaço, a fronteira final – a *primeira* fronteira nos quadrinhos, na verdade. Fazer roteiro de quadrinhos é escrever em espaços limitados, e uma minirrevista é um espaço bem limitado – tão limitado que volta comigo na mala da convenção!

Mas trabalhar com um desenhista numa minirrevista pode ensinar ao roteirista neófito uma lição importante: roteiros de quadrinhos *não são* escritos para o leitor! Isso soa estranho, mas é verdade. Um roteiro de quadri-

Desenho de *Concreto* por Paul Chadwick

nhos é escrito para o *desenhista*, e o roteirista tem de dar ao desenhista todas as informações importantes da história – informações que podem ser escondidas do leitor até, digamos, a última página da história impressa ou mesmo da edição seguinte. Seu roteiro não é lugar para escrever coisas do tipo "Quem é o personagem misterioso que nos espreita no quadro 2?" Não. Seu desenhista precisa saber tudo do "personagem misterioso" para *desenhar* esse personagem! Principalmente se esse personagem vai ter papel importante na história.

Roteiristas que vêm da televisão ou do cinema para os quadrinhos geralmente cometem erros que têm a ver com a natureza estática dos quadrinhos e os limites que isso impõe à representação de movimento – o fato de que quadros são imagens estáticas, imagens que não se mexem. Enfiar dez mil ações em um quadro, qualquer coisa mais que uma ação em um quadro, simplesmente não vai funcionar numa HQ!

Na fase de avaliação de projetos, o editor realmente não tem tempo de ressaltar esse tipo de erro. Gente que envia propostas geralmente fica na expectativa de uma avaliação por escrito. Não conte com isso! "Essa é minha proposta. Pode me enviar uma crítica?" Pode crer que não. Se eu tivesse tempo para isso, cara, eu... Não.

O trabalho de ler propostas, quando efetivamente se lê, é feito nos meus fins de semana ou nas noites em que fico em casa – quando o resto do mundo está relaxando, sabe?, vendo uma televisãozinha, essa é a hora em que leio propostas dos outros. E minha *única* função ali é decidir: *vou atrás disso ou não?* Meu trabalho como editora não é ensiná-lo a ser um roteirista apto a publicar. É para isso que servem os cursos de roteiro.

Mas não tenha medo das negativas! Suas propostas *vão* levar "nãos". Brian fez sucesso "da noite pro dia" depois de dez anos dando duro e de uma boa dose de "nãos".

Dave Sim, criador de *Cerebus* [uma HQ independente], diz isso da seguinte forma: "Se você for desenhista, primeiro você tem de desenhar duas mil páginas de quadrinhos, e, quando você chegar na página 2.001, aí você estará apto a publicar."

Se você for roteirista, tem de escrever *muito* antes de estar no nível do horário nobre – você tem de estar impelido a escrever, de tal forma que, mesmo que leve um safanão do editor, que diz: "Não, você ainda não está pronto", você siga em frente até estar pronto.

Há muita gente por aí tentando entrar nos quadrinhos, e todo mundo tem a "melhor ideia" para uma história. Mas ideias, sinceramente, é só chutar uma moita que saem dúzias. Tudo depende da execução. E aquele direcionamento, aquele foco, aquela determinação fixa de continuar forçando sua técnica *apesar* das negativas... Bom, existe um número bem menor de pessoas que têm tudo isso.

Desenho de *Concreto* por Paul Chadwick

Quanto à relação criador-editor, eu diria que ela é multifacetada: como editora, sou várias coisas para várias pessoas. Trabalho sobretudo em obras autorais e não em personagens de propriedade da editora, portanto meu trabalho tem *bem menos* a ver com coisas como garantir que o roteirista faça o personagem seguir os ditames da editora. Meu trabalho, do meu ponto de vista, tem a ver com fazer os autores cumprirem sua perspectiva pessoal, facilitar ao máximo a vida deles dentro dos parâmetros da casa editorial.

No caso de alguém como [o quadrinista] Stan Sakai, quando chegam as páginas dele de *Usagi Yojimbo* com tudo pronto – história, desenho, letras –, minha função vira mais a de controle de qualidade do desenho: supervisionar os *scans* e os arquivos finais para impressão (assim como o conteúdo *não HQ*). Facinho, facinho. Stan raramente me liga para dizer: "Não sei o que Usagi deveria fazer." Quem sabe tenha ligado uma ou duas vezes em quinze anos.

Quando trabalho com [o quadrinista] Paul Chadwick em *Concreto*, fico mais envolvida em todas as fases de produção. Paul me envia um argumento inicial. Ele então escreve um roteiro completo com a decupagem em miniaturas: esboços rápidos com as palavras desenhadas em recordatórios e balões. E dou retorno em cada fase.

Por isso, em se tratando de obras autorais, meu trabalho de fato depende dos autores em si, e do que esses autores querem de mim como editora, e do tipo de relação que temos. Eu lhes dou tanto envolvimento quanto quiserem, é meu trabalho dar isso a eles.

Capa da coleção de *Os 300 de Esparta* por Frank Miller e Lynn Varley

COM O FOCO EM C. B. CEBULSKI

C. B. Cebulski atualmente é vice-presidente encarregado de talentos e relações internacionais da Marvel Comics. Ele é o cara que está querendo contratar você. É a função dele. C. B. viaja o mundo procurando talentos de todos os tamanhos e formatos.

CEBULSKI: Primeiro, um pouco do que faço. Eu coordeno talentos. Encontro talentos. Uma vez que estejam dentro, monitoramos as carreiras desses talentos de perto e damos orientação – se você trabalhar conosco. Se você, o talento, investe seu tempo nas nossas revistas, então queremos investir o mesmo em você. Ao ajudarmos a construir seu nome, estamos ajudando sua carreira e você está nos ajudando. É uma relação mutuamente benéfica. Parte do meu trabalho é oferecer uma entrada para esses talentos a partir de histórias de oito páginas, levando-os para o que vier depois e guiando-os até as séries maiores.

O que faço é ficar atento – em toda a indústria – a todo mundo, de roteiristas a letreiristas. Nas duas grandes, Marvel e DC, os editores estão focados em uma coisa só: fazer com que as revistas saiam. Eles têm uma carga de trabalho bem pesada. Cada editor ou editora tem de lidar, sozinho ou sozinha, com cinco a 25 revistas por mês. E isso inclui desde o roteiro até o arquivo diagramado que vai para a gráfica.

Os editores não têm tempo de sair por aí e ficar ligados nos nomes de todos os talentos no mercado. Esse é o meu trabalho. Eu fico atento a tudo, tomo decisões a partir de boas informações e faço recomendações. Sendo o rosto do departamento criativo, saio e me encontro com gente, confiro portfólios, converso com roteiristas e leio quadrinhos. Então volto com opiniões e oriento os editores da Marvel.

Quando você entra na indústria e começa a conhecer gente no nível mais pessoal, você descobre que 95% das pessoas que trabalham nos quadrinhos são legais.

Os outros 5% da indústria são uns babacas, mas eles têm talento e por isso a gente aguenta. Felizmente, a maioria fica trancada nos estúdios e não é de sair muito para tomar um ar nem para comer.

Quanto a fazer seu trabalho ser visto: a boa notícia é que nunca houve momento melhor para se entrar nos quadrinhos, do jeito que for. Sim, estou falando de *webcomics* e de minirrevistas. Também falo de conseguir espaço e de começar por editoras como Boom, Dynamite, Image ou Dark Horse.

O que vale é aparecer. Com a internet, é mais fácil você fazer um burburinho sobre seus projetos. Assim que você tiver feito esse burburinho, a notícia se espalha mais rápido. Conseguimos descobrir novos talentos bem mais rápido que antes.

A internet modernizou o que eu faço, e ficou bem mais fácil. Seja lá o ponto onde você estiver agora, você tem uma chance incrível de fazer sua HQ chegar ao mundo.

A má notícia é que, assim que você entrar, vai ficar mais difícil ficar, pois a concorrência está mais feroz. Em 2012, a Marvel contratou 144 novos autores. Dá quase três pessoas por semana. Foi essa quantidade de gente que assinou contratos de serviço de roteiro, desenho, arte-final, cores etc. É gente que nunca tinha trabalhado para a Marvel.

Foram 24 roteiristas novos, 81 desenhistas novos, 13 pintores digitais novos, 8 arte-finalistas novos, 15 coloristas novos que só fazem colorização e 3 letreiristas novos.

Em qualquer indústria que for, contratar três pessoas por semana é algo incrível. O que acabou resultando desses números é que muita gente conseguiu um serviço, ou dois, e depois não conseguiu mais nada. Há serviços esporádicos. Eu posso ter contratado uma pessoa em janeiro, e aí apareceu alguém com um estilo ou tom talvez parecido no roteiro e que entregava mais rápido, ou que o editor gostou por outro motivo, ou que tinha uma personalidade que combinava mais com outros editores. Então a concorrência vem rápido. Não é porque você conseguiu entrar que vai conseguir ficar dentro. Há pessoas dando mais duro para ficar dentro depois de entrar. Existem várias formas de fazer isso.

Desenhos de Sara Pichelli

A MESA-REDONDA DOS EDITORES 157

Tem muito a ver com as relações. Seja legal e tenha boas relações. Também tenha expectativas realistas quanto àquilo em que se meteu.

Um dos grandes problemas que muitos roteiristas novos enfrentam é que, assim que entram, ficam achando que vão ficar por lá. Ficam pegajosos ou de repente acham que estão no direito de alguma coisa – e você não deve ser assim, nunca.

A primeira coisa que você tem de lembrar é que nos quadrinhos ninguém é merecedor de nada. Tudo tem a ver com sua capacidade. O que você faz na página é o que interessa. O que você entrega de roteiro ou de desenho é o que vale seu próximo serviço. Não tem nada a ver com o legado que você carrega. Você é tão bom quanto seu último trabalho, página, roteiro. Isso é uma coisa que você precisa lembrar. Não é porque entrou que você vai ficar lá dentro. Você tem de ter uma boa postura e ser realista.

Qual é seu método preferencial para pegar materiais de amostra dessa gente? A maioria das pessoas diz que prefere ver portfólios de escritores que venham com desenhos, certo?

CEBULSKI: Isso é verdade. Há vários motivos para essa preferência. O motivo mais simples é: "tempo". Quando confiro um portfólio de desenhista, tiro uma primeira impressão daquela página inicial, e depois de três ou quatro páginas consigo dizer se a pessoa tem condições de trabalhar na Marvel. Consigo dizer se a pessoa tem o que precisa. Com os roteiristas é mais difícil, porque você pode apresentar uma proposta de roteiro ou uma *graphic novel*, o que quiser. Mas para eu sentar e ler a ponto de ter uma compreensão de que a pessoa que enviou a proposta tem noção em termos de descrições, dos *beats* nos quadrinhos, de como usar as palavras certas para transmitir o que quer ao desenhista, tudo isso toma muito tempo.

Se você já tem uma HQ produzida – do desenho às letras – é muito mais fácil de ler e entender como você seria como roteirista. Além disso, editores são ocupados e têm de lidar com cargas de trabalho enormes. Para eles se sentarem e lerem um livro, roteiro de TV ou roteiro de HQ, toma tempo. Se eles puderem pegar uma HQ que vão ler no banheiro em cinco minutos, fica mais fácil.

Como roteirista, você pode enviar o que quiser de proposta à Marvel. Aceitamos de tudo. Se você quiser mandar, ela vai chegar à mesa da pessoa a quem você quer que chegue. Dependendo do tamanho, porém, pode ser que não seja lida. Se você tem gibis ou *graphic novels*, provavelmente seja o melhor de enviar. Editores são fãs de quadrinhos, e é para isso que eles vão contratar gente.

Quando você abre o material enviado, o que você vê que o faz dizer: "Esse cara não sabe escrever"?

CEBULSKI: Como roteirista, o maior ponto negativo no material é [desrespeitar a regra]: *Não envie nada que tenha personagens Marvel*. Não podemos ler. Vivemos numa sociedade em que a internet mudou a forma como se lida com produtos. Todo mundo começou a proteger seu lado. Já houve processos por causa de ideias roubadas. Não podemos ler ideias originais com personagens Marvel por questões jurídicas.

Se gostarmos do seu trabalho e quisermos que você apresente ideias, mandamos um documento de uma página chamado "Formulário Marvel para apresentação de ideias". Ao assinar, você reconhece que está ciente de que vai mandar ideias originais baseadas em personagens Marvel e a Marvel entende que essas ideias são suas. Temos entendimento mútuo de que as ideias são ideias e de que outra pessoa pode ter tido a mesma ideia.

Qual a importância da qualidade técnica de uma obra que enviam como apresentação? Caso enviem duas histórias, mas uma foi feita num *software* que você viu que era ruim, quanto isso afeta...

CEBULSKI: Não interessa. Não estamos nem aí quanto ao modo como você criou sua HQ de amostra. O que interessa é como ficou o projeto final quando é entregue.

Existe uma coisa que recomendo fortemente a roteiristas: se você ouvir falar que estão montando uma antologia, aí está o melhor lugar para entrar na Marvel.

Desenhos de David Mack

E cargos no editorial? Como se faz seleção para um cargo desses?

CEBULSKI: Não existe resposta simples para essa pergunta. Existe uma só qualidade que eu conheço: amar quadrinhos. Se você se aproximar de todos os editores numa convenção, verá que a única coisa que os une é o amor pelos quadrinhos. Já tivemos gente que antes era professor, gente que passou pelo nosso programa de estágio. Temos gente que veio de outras editoras. Não existe rumo traçado para virar editor. Tem a ver com entender quadrinhos e narrativa. Tem muito a ver com personalidade. Na Marvel, somos um grupo muito unido, muito próximo. A Marvel é uma família de verdade. Vamos para o trabalho, ficamos juntos no trabalho e saímos juntos depois do trabalho. Passeamos com as famílias no fim de semana. Ser contratado para uma função editorial na Marvel tem muito a ver com personalidade.

Quando está avaliando material enviado, você se atrai por histórias de super-herói porque é isso que a Marvel publica ou você confere o calibre da escrita, independentemente do gênero?

CEBULSKI: O calibre. Embora eu também faça roteiros para a Marvel, meu gosto pessoal nos quadrinhos tende para histórias de "vida cotidiana". Eu não faço julgamentos com base nos super-heróis. Isso é parte do meu trabalho, mas escrever bem é escrever bem. Algumas das melhores histórias de super-herói são histórias sobre os personagens e suas interações, não sobre eles enfrentando vilões.

Desenho de Filipe Andrade

Desenho de Klaus Janson

Qual a melhor maneira de abordar um editor presencialmente?

CEBULSKI: Se você for roteirista e tiver oportunidade de encontrar um editor, simplesmente conhecer o editor, apertar a mão dele e deixar um cartão já devia ser considerado sucesso.

A grande verdade é que editores conhecem centenas de pessoas em convenções, e não existe possibilidade de eles lembrarem os nomes de todos. Só comparecer, deixá-los ligados em você, ficar com os cartões deles e lembrar onde foi que vocês se conheceram, com detalhes, já são vitórias.

Você precisa de coisas que o deixem mais memorável? Tipo usar peruca rosa?

CEBULSKI: Não seja o cara que entope nossos escritórios na Marvel com gibis ou que faz questão de pegar informações pessoais sobre o editor na internet e então vai à convenção dizendo: "Como vai seu filho, o Gary? Quando você vier aqui de novo, quem sabe a gente joga um beisebol? Eu sei que você curte comida mexicana" etc. É um pouco de exagero.

Seja educado, agradável, profissional e persistente, mas não seja inoportuno e babaca. As partes do educado e do agradável são as mais importantes.

Vamos abrir todos os pacotes. Fazemos pilhas. Vamos ler *isso* e *aquilo* e não vamos ler *aquilo*. As coisas que vão para a pilha do "Essa pessoa talvez seja boa" geralmente vêm com uma carta de apresentação bem formatada.

Não use só "Querido editor" como saudação – personalize. Eu recebo muitos *e-mails* e propostas que vão para todo mundo. Chega o cara com o carrinho de correspondência e você vê pilhas de envelopes iguais. "Caro editor, este é meu trabalho." Esses estão fora. Você não deve enviar para todos os editores.

Em resumo, envie suas amostras de trabalho com uma carta de apresentação personalizada para aquele editor específico, com uma explicação em dois ou três parágrafos de quem você é, o que fez e o que gostaria de apresentar.

Os envelopes que vêm ilustrados com desenhos são os que abrimos primeiro. Independentemente do que você for enviar: um roteiro de cinema, um livro, uma HQ – tem que parecer profissional. Não podem ser só páginas grampeadas ou um roteiro escrito à mão em folha de caderno.

Sua proposta tem de ser digitada e parecer profissional. Você pode pensar inclusive em incluir um estojo ou uma capa bonita. Apresentação é importante. Você tem uma noção da personalidade da pessoa através da apresentação que ela faz do material que envia.

Assim que os roteiristas passam a ter comunicação com os editores, quais são os "nãos" e os "sins"?

CEBULSKI: Existe uma linha tênue entre persistência e incomodação. Se você conhecer um editor numa convenção, espere uma semana para dar sequência ao contato. Os editores são ocupados e precisam de tempo para ficar em dia. Eles só vão estar com a cabeça no lugar depois de uma semana.

Se você não tiver retorno, o tempo regulamentar para dar um aviso é de duas semanas. É legal mandar um *e-mail* de lembrete, com educação. Alguma coisa assim: "Sei que você está ocupado, mas eu só queria botar o papo em dia. Se você não se interessar, eu entendo, mas se você gostar das amostras, por favor, me avise."

Depois disso, você tem de esperar de um mês a seis semanas antes de mandar outro lembrete. Se você já mandou um proposta de história, eu diria que o pedido de retorno correto seria mais ou menos de um mês. Sempre mande material novo. "Eu faço uma série na Image, eu fiz roteiro desse projeto na Dark Horse. Eu publiquei essa história independente. Estou trabalhando com um artista na Europa." Um dos grandes erros que vejo vem de gente que entrega o mesmo material várias vezes. Aí você acaba dizendo que é só aquilo que essa pessoa sabe fazer.

Nos materiais enviados, você prefere ver uma história fechada ou coisas que meio que demonstrem um potencial para uma história que pode ir mais longe?

CEBULSKI: Com roteiristas, sempre gosto de ver início, meio e fim. Por isso gosto de histórias curtas. As curtas são muito difíceis de escrever, porque é complicado colocar muita informação num espaço pequeno. Eu quero ver o que você sabe fazer!

Desenho de Sara Pichelli

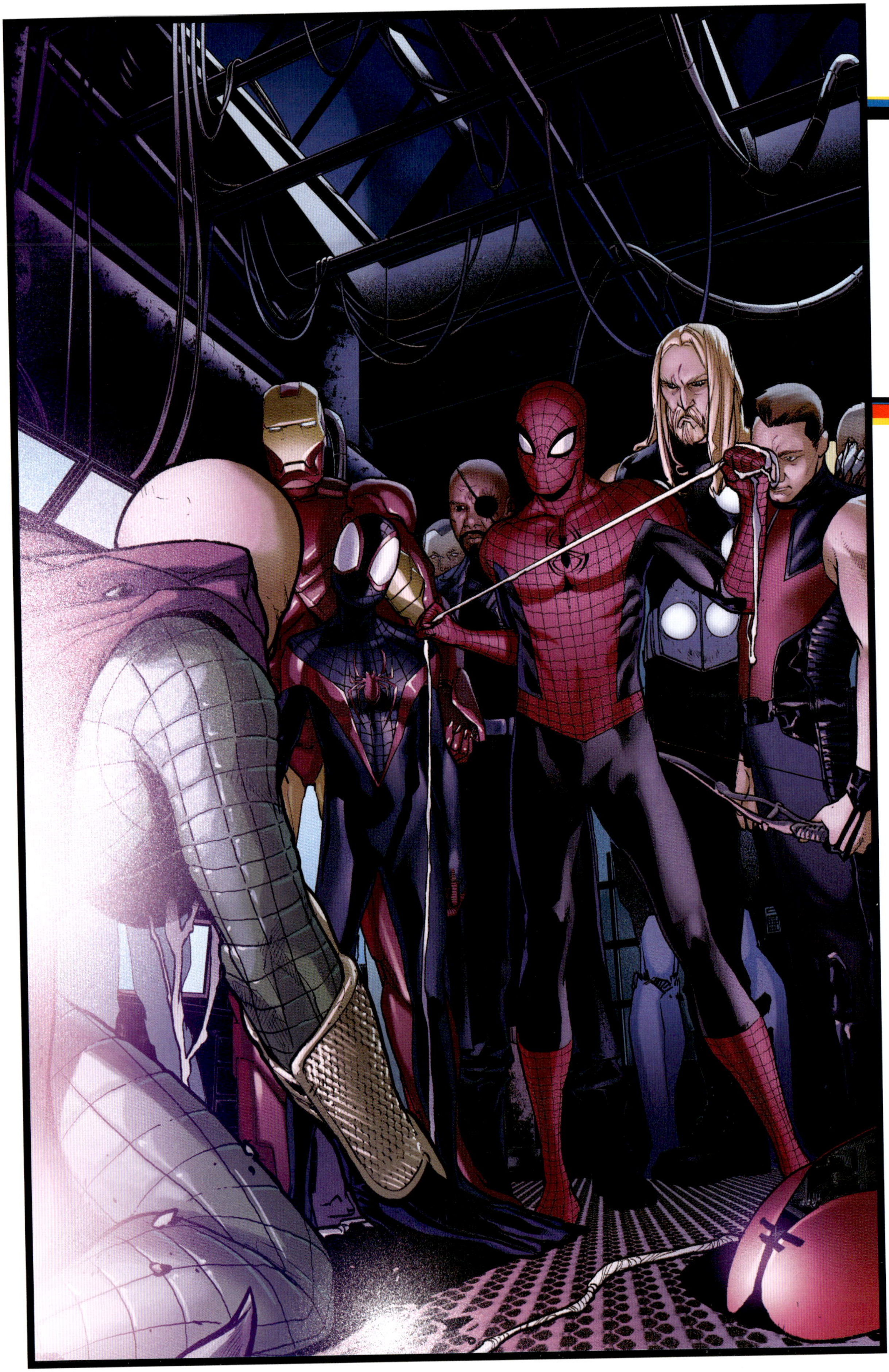

CAPÍTULO 5

ROTEIRISTAS: PERGUNTAS FREQUENTES

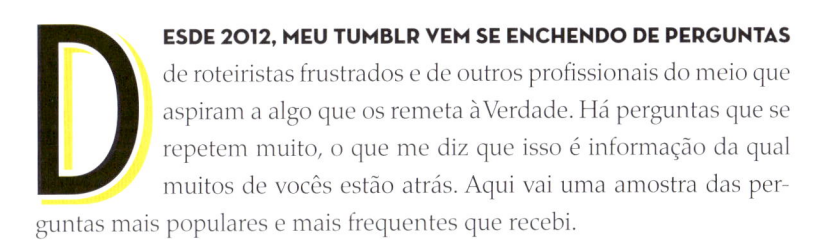

DESDE 2012, MEU TUMBLR VEM SE ENCHENDO DE PERGUNTAS de roteiristas frustrados e de outros profissionais do meio que aspiram a algo que os remeta à Verdade. Há perguntas que se repetem muito, o que me diz que isso é informação da qual muitos de vocês estão atrás. Aqui vai uma amostra das perguntas mais populares e mais frequentes que recebi.

P: Que conselho você daria a um aspirante a roteirista de quadrinhos? Por onde se começa?

R: Escreva.
    Escreva todos os dias.
    Escreva com sinceridade.
    Escreva uma coisa que não existe e que você gostaria que existisse.
    Leia.
    Aprenda.
    Estude.
    Observe as pessoas.
    Ouça o que elas dizem, ouça como elas dizem e ouça o que elas não dizem.
    Surpreenda-se.
    Assuste-se.

PÁGINA DA ESQUERDA
Desenho de Sara Pichelli

P: O que fez você ficar tão vidrado e tão focado em diálogos?

R: Eu AMO o som dos diálogos. Amo o mistério das conversas. Dizem que toda trama já foi feita, e talvez seja verdade, mas não toda conversa. É aí que acontece o mais sensacional.

Pense em quantas vezes você já se envolveu num briga, uma briga de verdade. Provavelmente não foram muitas. Espero que não. Agora pense em quantas vezes alguém lhe disse uma coisa que deixou você arrasado até o fundo da alma ou fez você se sentir sensacional. Pense em quantas vezes as palavras mudaram de fato sua vida. Talvez, quem sabe, tenha acontecido em todos os dias da sua vida.

P: Quanto tempo você diria que leva para escrever um típico roteiro de HQ?

R: Roteirizar é uma arte, e não há como fazer arte com cronômetro – leva o tempo que levar. Mas eu me esforço para fechar e entregar um roteiro por semana. Passo o tempo todo criando argumento, fazendo planejamento, pesquisando e refinando outros trabalhos. Um roteiro por semana me faz sentir tendo feito algo de valor. Não fui preguiçoso, mas também não fui pilantra.

Escrevo bastante, mas fico guardando na pasta e entrego quando acho que está pronto.

P: Qual é o erro comum que você vê em roteiristas sem experiência? E como você sugere que alguém conserte ou evite o problema?

R: É uma coisa que também vejo em roteiristas com experiência: quando se preocupam tanto com a trama que perdem a noção dos personagens. Perdem a noção de POR QUE estão contando aquela história. Não deixam os personagens falarem. Os personagens podem ditar a história de maneiras surpreendentes, emotivas, às vezes engraçadas. Se o roteirista não for aberto a surpresas, ele extirpa a vida, o brilho, o espírito do seu próprio trabalho.

É por isso que às vezes se veem roteiristas com um tom de indiferença constante no que fazem. Porque extirparam a vida que havia naquilo.

Deixe os personagens surpreenderem-no. Deixe que eles o levem aonde você não estava preparado para ir. Mesmo que isso implique em desbravar estradas – e daí? Deixe os personagens fazerem você rir ou chorar, ou os deixe assustarem você.

P: Como se vai do Ponto A (ter um mundo, personagem ou história bem mapeados) ao Ponto B (transferir suas ideias para um roteiro de HQ)?

R: Você tem de definir metas pessoais. Não é só escrever todo dia. É saber O QUE você vai escrever todo dia. Geralmente, se você sabe POR QUE escreve o que está escrevendo, achar o caminho do Ponto A ao Ponto B vai ser mais fácil.

A frustração de alguns é achar que existe uma fórmula mágica que dá vida ao trabalho. Só que ela não existe. Conheço roteiristas que tiveram toda vivência possível, que usam todo tipo de programa, estilo de anotação ou truque que você puder imaginar. E todos nós sabemos que o que interessa é *sentar e fazer*.

Às vezes você vai se dar mal, às vezes vai se dar bem. Mas se você não botar na página…

P: Qual meta os jovens escritores deveriam se impor para melhorar?

R: Termine o que você começar! Não tenho como me expressar melhor. Leve o projeto do início ao fim. Repito. Que escrever seja parte da sua rotina diária – mesmo que você tenha dois empregos e outras responsabilidades. Ache um tempo para escrever todos os dias. Se lhe for importante, você consegue. E quem fica se dizendo: "Para você é fácil falar…" – eu fiz. Todos os dias. Independentemente do que estava acontecendo na minha vida.

P: Se você faz pesquisa, como dá conta da carga de trabalho? Como você faz para não ficar anos só na pesquisa, quando vai usar só uma ou outra parte daquelas informações no que escreve? Como sobra tempo para produzir?

R: Em primeiro lugar, eu amo pesquisar. É como fico sabendo se estou no rumo certo.

Muito da minha pesquisa não vai parar na página, mas me deixa mais confiante quanto à minha bobajada pseudocientífica. Se a pesquisa me dá tédio, aí sei que o assunto me entedia e que devia passar para outra coisa.

Além disso, amo falar com especialistas numa área. Amo de paixão. Nunca me deparei com alguém que não estivesse disposto a dividir conhecimento, e sempre dividem comigo coisas legais que eu não teria pensado sozinho.

P: Qual a diferença entre um "bom" roteiro e um "ótimo" roteiro?

R: Honestidade.

Você pode ser um mestre da técnica e conhecer estrutura narrativa como se fosse a palma da sua mão, mas se você não for honesto consigo, com o mundo à sua volta, com o lugar que você ocupa nele, com suas emoções, então você é só um técnico e não um artista. E isso vale o dobro para quem escreve dentro de um gênero.

Mas existe muito técnico de sucesso mundo afora.

P: Quando está escrevendo uma história, como você decide quais fatos mostrar e quais não mostrar? Você só inclui o que tem parte integral na trama?

R: Sou crente convicto na filosofia de David Mamet de chegar na cena atrasado e sair antes.

Essa é a uma regra ainda mais importante para roteiristas de quadrinhos, pois na grande maioria das vezes você não tem página sobrando.

Além disso, só costumo me interessar pelos tipos de cenas que revelam mais da trama, mas que também revelam algo do personagem. Então, se não consigo as duas coisas, geralmente observo aquela cena com bastante atenção e decido se ela é mesmo necessária.

Sou grande fã de tirar cenas da história para ver se ela fica mais interessante sem. Às vezes há um elemento que você acha que precisa muito, mas que acaba não sendo nem um pouco necessário.

Principalmente com um suspense ou mistério – menos é muito mais.

P: Como você decompõe seu processo de escrita? Você se joga no Roteiro Completo ou existem outros passos?

R: Existem vários passos. Existem os esboços, as decupagens da história, as anotações de *beats*, o desenvolvimento dos personagens, o desenvolvimento de temas, as reuniões colaborativas, a pesquisa… E às vezes até mesmo rascunhar só para praticar – quando começo a escrever só para ver o que acontece. Raramente esses rascunhos são publicados; é acima de tudo eu tentando entender como os personagens são.

Vou dizer que o que tenho mais orgulho é de não ter um jeito determinado. Ter um só jeito costuma significar morte criativa. Ou pior: tédio criativo.

Conheço alguns roteiristas que têm um jeito bem rigoroso de fazer o que fazem, e sempre penso: "Bom, por isso que o seu trabalho é tão sem vida, tão chato."

Gosto de me surpreender durante o processo, e, se eu conseguir me surpreender, provavelmente vou surpreender você também.

P: Você acredita que uma história precisa ter um significado profundo, filosófico, subjacente? Ou você acredita mais em criar uma história que seja interessante e capaz de fazer o leitor sentir emoções diversas?

R: "A escrita começa assim que você termina. É só aí que você sabe o que quer dizer."

– Mark Twain

"Citar Mark Twain faz você virar careta na mesma hora."

– Brian Michael Bendis

P: Muito do que você faz tem uns toques de crítica política ou social, mas sem pender para um lado ou o outro. Como você cumpre o esperado e trata dos dois lados de uma discussão sem cair em estereótipos? Existe algo em particular que você faz ou usa que o ajuda a ver o mundo de um ponto de vista oposto?

R: Odeio roteiros que tentam pregar uma ideia. Odeio tanto quanto o Indiana Jones odeia cobras. Odeio! Por isso, simplesmente não faço. Também tenho uma curiosidade genuína, profunda, quanto a jeitos de pensar que não são o meu – incluindo crenças políticas e religiosas. Então leio e converso com gente que pensa diferente, e tento escrever sobre elas no meu trabalho – mesmo que seja só para entender essa gente. Gosto de histórias bem redondas. Gosto de saber o que comove o "bandido", a ponto de não se saber mais quem é o bandido. No personagem que for, tudo tem a ver com escolhas e atitudes. Evitar estereótipos vai levar seus personagens a fazer ou dizer coisas que surpreendem até você.

P: Quando você está criando uma série em quadrinhos, já ficou supreso com o modo como as coisas se revelaram ou como certos personagens tiveram impacto na forma como os fatos se desvelaram?

R: Ah, sim, sim, mil vezes sim. Todo dia – da menor revelação à mínima interação entre os personagens. Confie nos seus instintos e encontre a opção que mais surpreende ou que mais encanta VOCÊ MESMO! Se você fosse comprar o gibi, que opções da história deixariam VOCÊ surpreso?

P: Qual é o seu limite em termos de fugir da realidade?

R: Acredito que, contanto que o protagonista ou os protagonistas estejam numa jornada que seja identificável e que exista uma lógica consistente com relação aos elementos fantasiosos da história, esses elementos podem ser os mais desvairados possível. Um erro que vejo muita gente cometer quando imitam autores que fazem aquelas imagens piradas, alucinadas, é que eles não cumprem o serviço de criar um personagem com quem você se identifique (o que acho que é bem mais complicado). Por que *Star Wars*, *Matrix* e *Harry Potter* fazem tanto sucesso? Porque você se identifica fácil com as jornadas, buscas e motivações dos personagens. Quando eles entram nos mundos pirados que têm, conseguimos nos identificar com as reações porque nos identificamos com eles.

P: Qual a diferença entre o que está no roteiro que você entrega e o que vemos na revista publicada? Quanto os editores se envolvem na narrativa?

R: Cada um tem uma relação com os editores. Existem pessoas que usam os editores como primeiro interlocutor quanto às ideias. Há editores que passam projetos com uma missão bem específica, ou seja, eles já sabem o que querem que o roteirista escreva. Tudo depende mesmo do editor e do roteirista.

Na maioria das ocasiões, tendo a deixar de lado o elemento interlocutor, a não ser que precise muito. Em vez disso, uso meus editores como primeira linha de defesa do entretenimento. Mostro o roteiro já completo para ver se eles gostam, ver se eles ficam empolgados, se eles riem. O que penso é que, se eles se empolgaram ou riram, aquilo vai empolgar o leitor ou fazê-lo rir. A partir daí, inventamos maneiras de melhorar ou consertar pontos que talvez não funcionem por causa de continuidade com outras séries.

P: Você já teve uma colaboração ruim – seja com um desenhista ou um editor? Em caso positivo, como você resolveu?

R: Meu Deus, e como!

A maioria foi no início de carreira. Não vou dar nomes porque não é legal. Fico contente em dizer que aprendi com todas as experiências, tenham sido boas ou ruins. Aprendi que não importa quanto talento a pessoa tem: se começam com doideira, peça arrego. A situação não vai melhorar. O pior que pode acontecer é você se ver em um projeto de sucesso com uma pessoa louca. O sucesso costuma amplificar os traços de personalidade de uma pessoa... os bons e os ruins. Você pode fazer tudo certo, mas ninguém dança tango sozinho. Você pode estar totalmente disposto a colaborar, mas aí não há ninguém do outro lado da mesa interessado em se comportar como um ser humano normal.

E há algumas pessoas com quem trabalho que querem só desenhar e não estão nem aí para colaboração. Todo mundo quer só fazer seu serviço. E tudo bem. Principalmente se o que você faz for louco de bom.

P: Por que não consigo um trabalho de verdade, de peso, profissional nos quadrinhos?

R: Na minha opinião, a meta não devia ser trabalhar para as grandonas (Marvel ou DC). A meta deveria ser criar uma HQ pela qual você seja fervoroso. Se, por algum motivo, essa HQ virar um cartão de visita que o levará a outras coisas, como trabalhar nas grandonas, fantástico (se a sua meta for essa).

Mas não fique esperando que essas outras editoras encontrem você – simplesmente faça seus quadrinhos. Se você quer entrar no mundo dos quadrinhos, faça uma HQ e você já entrou. É puramente ter vontade e agir. Quase todo mundo cujo trabalho você lê hoje viveu conforme essa filosofia. Com a tecnologia digital, não há nada que se interponha no caminho de criar e distribuir arte. PODE COMEÇAR!

P: Você faz tanta coisa, mas parece sempre por dentro de tudo. Como você lida com sua carga de trabalho?

R: Faz parte do meu trabalho parecer que estou por dentro de tudo, mas pode crer que nos bastidores há muita histeria e muito cabelo arrancado.

No fim das contas, escolhi uma profissão que exerceria de graça e tenho um ótimo casamento, então minha vida é cheia de coisas que eu quero muito. Não é difícil ficar por dentro quando se tem um monte de coisas que amo de verdade.

P: Já que a Marvel não aceita mais propostas que não tenha solicitado a roteiristas, existe uma maneira alternativa de fazer os editores verem o trabalho de aspirantes a autor, fora ir às convenções?

R: Quase todo mundo que você conhece nos quadrinhos *mainstream* foi descoberto a partir do trabalho em quadrinhos alternativos ou independentes, ou outro trabalho criativo em outra mídia. Não fique esperando que a Marvel ou a DC descubram você – comece a fazer quadrinhos por conta própria. Serão seu cartão de apresentação às editoras.

P: Você tem algum conselho para quem vai seguir o caminho da autopublicação ou da publicação na *web*?

R: Sei que é um negócio bem complicado, mas você tem de virar duas pessoas: o artista, que cria a obra, e o publicitário ou marqueteiro, que a vende. Você precisa avaliar seriamente o que tem, e então vendê-la com inteligência. Na autopublicação, principalmente, você tem de chamar mais atenção do que as grandes empresas e os grandes gibis.

É bem difícil, mas você deve aparecer e vender, senão ninguém sabe que você existe. Não tenha medo de mostrar o que tem. Conte às pessoas qual é a história do seu gibi e por que elas deviam comprar e ler.

Mas não vá se vender dizendo: "Meu gibi é melhor que o gibi do outro." Nunca dá certo. Tudo que você consegue agindo assim é ofender o leitor que pode gostar do outro gibi.

P: Já que você escreve tantas séries, como sabe qual trama ou arco vai ser melhor para cada uma?

R: Grande parte da minha criação vem dos personagens e das temáticas dos personagens, então raramente eu me vejo na condição de não saber que caminho uma ideia de história deve tomar. Os personagens deixam você saber o que deviam e não deviam fazer. X-Men contra Venom seria tão legal quanto Homem-Aranha versus Venom? Com certeza. Teria tanto significado? (A não ser que Charles Xavier escondesse que é o Venom…)

P: Quanto tempo você levou para entrar na indústria depois de acabar a faculdade?

R: Eu estava fazendo estudos independentes no departamento de Ilustração do Institute of Art para focar totalmente no meu trabalho com *graphic novels*. Minha meta era produzir uma HQ que me desse a nota que eu queria e que fosse meu cartão de visita às editoras.

Assim que terminei minha HQ, eu a remeti para todo mundo que eu conhecia de nome. Depois de sete meses, recebi resposta de duas editoras. Uma estava disposta a publicar a HQ daquele jeito mesmo e outra ofereceu-se para publicar a seguinte. Portanto, mesmo que eu não estivesse ganhando dinheiro com HQs, comecei a fazer HQs para o mercado de quadrinhos nacional ainda na faculdade. Tive sorte. E por "sorte" quero dizer que eu estava ralando a bunda.

P: Quanta leitura de referência você faz antes de escrever um personagem conhecido? Você lê tudo que puder antes de se sentar para escrever ou lê só as coisas mais recentes e os Guias de Leitura?

R: Guias de Leitura ou, conforme o termo técnico da área, "Wikipédia", não dão certo. Você tem de pesquisar como escritor "de verdade".

Mas o que acontece no caso de muitos desses personagens é que já tenho conhecimento bem extenso e sou apaixonado por eles, por isso a pesquisa extra não fica difícil. Se for, então é o meu cérebro dizendo que eu não devia escrever aquele personagem.

O pior é que não existem personagens nos quadrinhos que não tiveram histórias ruins de doer. Você começa a repassar e às vezes é um saco. Mas muitas vezes essas histórias revelam uma verdade que deixa meu trabalho bem mais fácil.

P: Em média, quantas versões de uma edição você escreve e quantas revisões sérias faz?

R: Uma quantidade vergonhosa. As coisas não saem voando de mim, como acontece com outros roteiristas. Tudo parece um conflito. Mas faz parte do meu trabalho parecer que não é…

Não importa quantas versões você vai fazer ou quanto vai demorar, acaba quando acabou. E, mesmo assim, provavelmente não acabou. Você simplesmente encerrou.

P: Como você fez sua HQ ser vista? Você tinha uma *webcomic*? Minirrevista? Você mesmo financiou uma pequena tiragem? Onde você colocou a HQ (lojas de quadrinhos próximas, convenções, na esquina)?

R: As coisas mudaram. Eu comecei quando ainda estava na faculdade. Criei uma antologia fechada, uma edição só, de trabalho de conclusão em ilustração. Tinha seis histórias com estilos variados de roteiro e desenho. Era para eu me exibir.

Não quero soar como o Groucho Marx velhão, mas, "nos meus tempos", não existia essa de *webcomic*. Ou você imprimia sua HQ ou não imprimia. Eu fui a uma loja de fotocópias, fiz uns duzentos e poucos exemplares e os vendi na loja de quadrinhos em que eu trabalhava. Então enviei para toda editora que achei que pudesse se interessar.

O incrível foi que, sete meses depois, duas editoras estavam interessadas. A Fantagraphics se ofereceu para publicar meu projeto seguinte, enquanto a Caliber Press (descanse em paz) se ofereceu para publicar a antologia em todo o país.

Acabei reescrevendo e redesenhando a antologia antes de ela passar à tiragem "adulta". E, quando acabei, decidi ficar com a Caliber. Era mais adequada para mim.

O que quero dizer é… você tem de pegar no batente.

Se eu fosse entrar no mercado hoje, minha presença na *web* seria uma doideira. Eu estaria presente em tudo, praticamente um chato. Usaria todo o dinheiro que conseguisse juntar para rodar toda a tiragem possível da minha HQ e fazer ela chegar às mãos de quem estivesse em condições de me ajudar. Como eu disse antes, se você quer entrar no mundo dos quadrinhos, faça uma HQ só e você já fará parte desse mundo. Não existe mágica. Seja esperto e garanta que essa HQ que você faz é aquela em que você acredita. Os outros vão perceber se você tentar enganar.

P: Você quer que seus filhos sejam roteiristas quando crescerem?

R: Quero que eles façam o que quiserem quando crescerem, desde que os deixe tão felizes e doidos quanto ser roteirista me deixa.

Desenho de Alex Maleev

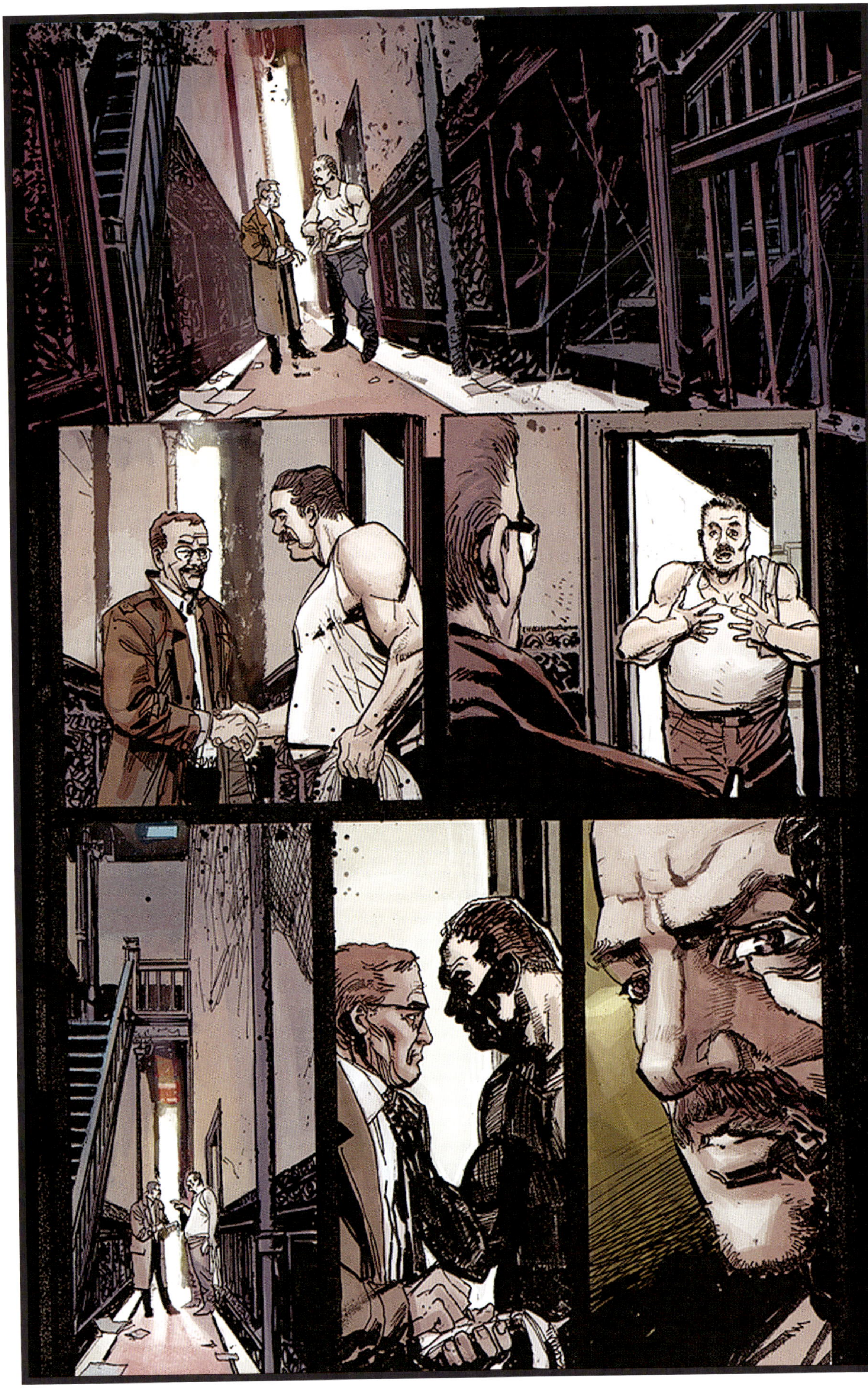

CAPÍTULO 6

SER ROTEIRISTA DE QUADRINHOS COMO NEGÓCIO

O **NEGÓCIO DOS QUADRINHOS TEM DOIS LADOS. JÁ TRATEI** da parte de "como entrar no mercado" e de "como se apresentar a um editor". Agora é hora de entrar na parte de como gerir sua empresa. Se você é roteirista, você é uma empresa. E antes que pule este capítulo porque não consegue acreditar que o autor entrevistou a própria esposa, vou lhe dizer que este talvez seja o capítulo mais importante do livro. Esse é o assunto sobre o qual a maioria dos roteiristas mais precisa de ajuda, tanto os que estão chegando quanto os que já têm carreira.

Eu não sei como cuidar de uma empresa. Não sei mesmo, mas minha esposa, que tem mestrado em Educação e diploma de Administração, é excepcional. Ela gerencia nossa empresa com sucesso há dezoito anos. Não digo isso só porque ela é minha mulher. Além de casados, somos sócios há bastante tempo. Ela é imune ao meu charme (mas nem sempre).

Não exagero quando digo que profissionais dos quadrinhos de todo o mundo já vieram à minha casa especificamente para minha esposa se sentar com eles e dizer o que eles andam fazendo de errado e do que precisam para montar seu negócio.

Para a maioria dos profissionais de criação, criar é divertido, mas gerenciar uma empresa é bem complicado. E é duplamente difícil gerenciar uma empresa quando o produto principal da empresa é a imaginação do roteirista. Mas você precisa aprender como se faz. Precisa. Entre na

PÁGINA DA ESQUERDA
Desenho de Klaus Janson

Obs.: Todos os desenhos neste capítulo são de Klaus Janson

internet, ponha no Google "quadrinista problemas jurídicos" e veja como surgem histórias de terror com gente de muito talento. Você quer ser uma delas? Não quer. Eu não quero.

Essa é a parte de ser roteirista da qual muito roteirista não quer falar, porque a maioria *não sabe* do que está falando. Então respire fundo e ouça essa pessoa, porque ela entende do que diz.

UMA ENTREVISTA COM ALISA BENDIS

Como você descreve quem é você e o que faz?

A. BENDIS: Sou presidenta da Jinxworld, Inc., a empresa que eu e meu marido fundamos. A Jinxworld é o lado comercial da carreira de Brian na Marvel Comics, assim como o lado financeiro e de produção de suas cocriações e obras autorais, como *Powers*, *Brilliant*, *Jinx*, *Scarlet* e *Fortune and Glory*.

Como você e Brian se conheceram?

A. BENDIS: Brian e eu nos conhecemos porque a organização em que eu trabalhava em Cleveland o contratou para fazer arte promocional e uma colega de trabalho me recomendou o nome dele para um projeto.

Quando casei com Brian, ele era a definição perfeita de "artista da fome". Ele passava 80% do tempo escrevendo, desenhando e criando quadrinhos, e 20% do tempo fazendo caricaturas em *bar-mitzvás*, casamentos e eventos comerciais.

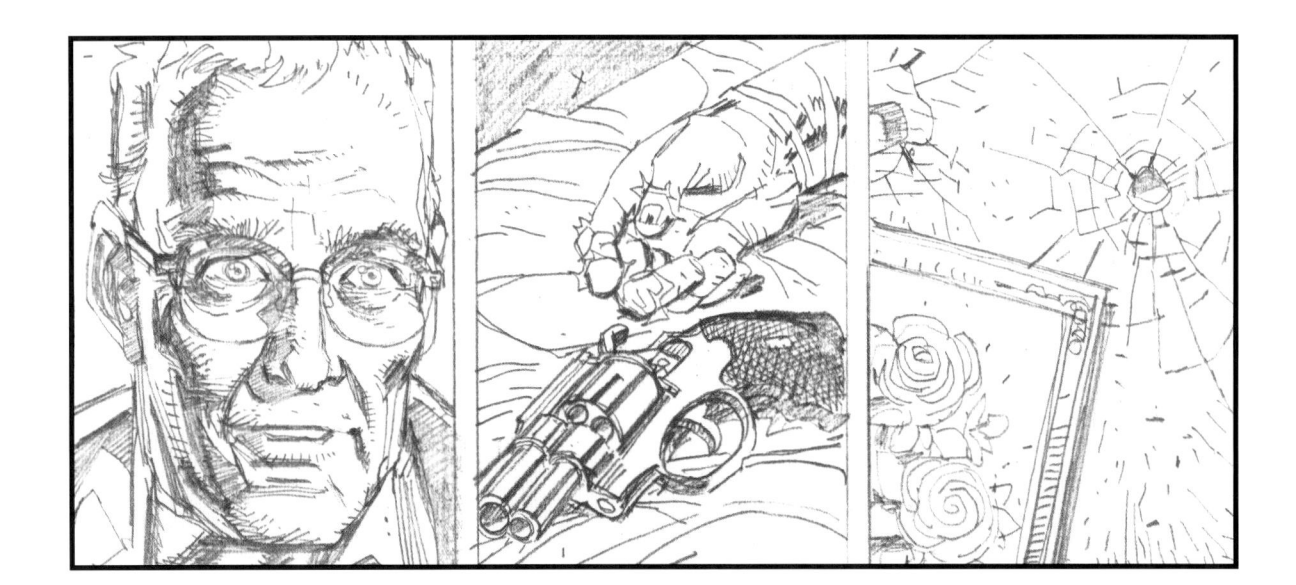

Ele vivia do dinheiro das caricaturas porque, na época, ganhava praticamente zero com quadrinhos. Aliás, na época, minha visão do futuro era de que eu seria a pessoa com renda e ele seria o pai que fica em casa cuidando das crianças e fazendo quadrinhos.

Aquele velho ditado que diz que, se você amar o que faz, nunca vai ter de trabalhar – bom, era a vida do Brian. Eu o amava muito, mas logo descobri que tínhamos um desastre contábil prestes a acontecer. Ele já tinha se perdido nos impostos e estava fazendo a contabilidade de trás para frente, o que, infelizmente, é um problema comum entre vários dos seus colegas.

Nem preciso dizer que logo assumi as finanças da casa e cuido delas desde então. Aliás, peguei o talão de cheques do Brian e comecei a pagar as contas dele antes mesmo de nos casarmos.

Brian é sensacional em muitas coisas, mas ele não é contador nem sabe fazer um livro-caixa. Eu tremo só de pensar que ele não iria declarar nem pagar impostos se eu não tivesse aparecido.

Qual o maior erro que você vê os quadrinistas cometerem, em termos de negócios?

A. BENDIS: Não dar bola para isso. Eles não leem o contrato porque acham contrato chato. Ou nem fazem contrato. Aceitam a primeira proposta que vem da editora, pois ficam tão empolgados em fazer quadrinhos que se esquecem de negociar. Não sabem que você pode dizer "não".

Esses contratos e o valor que você aceita por página são opções que definem sua vida e sua carreira. Você tem de levar a sério. Já descobri que algumas editoras contam com o fato de que os autores vão se deixar passar para trás. Parece ser regra tácita nos quadrinhos. Autores não se importam com o dinheiro, e as empresas ficam contentes em seguir o que eles pensam.

Qual o maior erro que você e Brian já cometeram nesse negócio?

A. BENDIS: Bem no início, eu devia ter pesquisado mais e perguntado às editoras sobre a remuneração padrão. Mas fui tola de confiar em um colaborador que estava trabalhando na nossa série quando ele me disse qual era a remuneração base para quem fazia o tipo de trabalho que ele ia fazer.

A lição que aprendemos é: *nunca* ter medo de perguntar sobre as práticas usuais, sobre o padrão no mercado. Se eu tivesse lido um livro como este, eu saberia que devia ligar para editoras de renome ou perguntar a alguém que tenha publicado de forma independente como se faz – para ter uma referência imparcial.

Qual foi o melhor conselho de negócios que você já recebeu?

A. BENDIS: Que todos os contratos devem ser escritos como se a série que você está criando venha a ser um sucesso. Redija o contrato como se estivesse repartindo um bolo de um milhão de dólares, e certifique-se de que você vai dar conta de todos fluxos de receita possíveis, todas as conjunturas.

É óbvio que a maioria das coisas dá errado. Se não houver o que dividir, cada um segue seu rumo. O problema começa quando entra grana; esteja preparado.

Qual é a remuneração por página entre quadrinistas?

A. BENDIS: Em toda profissão, há muitas variáveis que definem o cálculo de honorários, tal como localização, experiência e orçamento, para ficar só em algumas. E não existe remuneração fixa.

Você, o autor, tem de decidir se consegue viver com o que é oferecido em relação ao tempo que leva para fazer o serviço. E, quando falo de "viver", falo de pagar suas contas e sua previdência.

Em projetos independentes ou que você mesmo publique, os autores tendem a ganhar menos dinheiro do que ganhariam numa das grandes editoras. Além disso, em trabalhos com publicação independente, a remuneração por página pode ser zero e, em vez dela, tem-se uma porcentagem dos direitos ou dos lucros. O roteirista e os desenhistas, os coautores do novo projeto, precisam sentar e acertar, por escrito, qual porcentagem cada um deles vai receber do adiantamento e de qualquer outra grana que a criação possa lhes trazer.

Quais são as cláusulas ou seções que se esperam em um contrato de publicação independente bem redigido?

A. BENDIS: Eu não sou advogada, mas nós temos um advogado. A grana que você gasta com um advogado especialista em direitos autorais ou entretenimento vale dez vezes mais, pois você deve proteger seus interesses qualquer que seja o tamanho do projeto.

Não tenho como ser mais enfática: você precisa se planejar para toda contingência, incluindo, acima de tudo, o sucesso. Creio que as cláusulas a seguir são as mais básicas e amplas que todo contrato de publicação independente deveria incluir. Fique à vontade para entregar esta lista a seu advogado de referência a fim de criar um contrato juridicamente válido com a terminologia jurídica precisa exigida pelo seu estado ou região:

- Aprovações
- Confidencialidade
- Conteúdo e forma do trabalho
- Créditos
- Cumprimento de prazos e cronogramas
- Definição do produto
- Detenção dos direitos
- Direitos de fiscalização
- Direitos em outras mídias
- Divisão de *royalties*
- Duração e rescisão
- Escopo do trabalho
- Exemplares de cortesia
- Garantias e indenizações

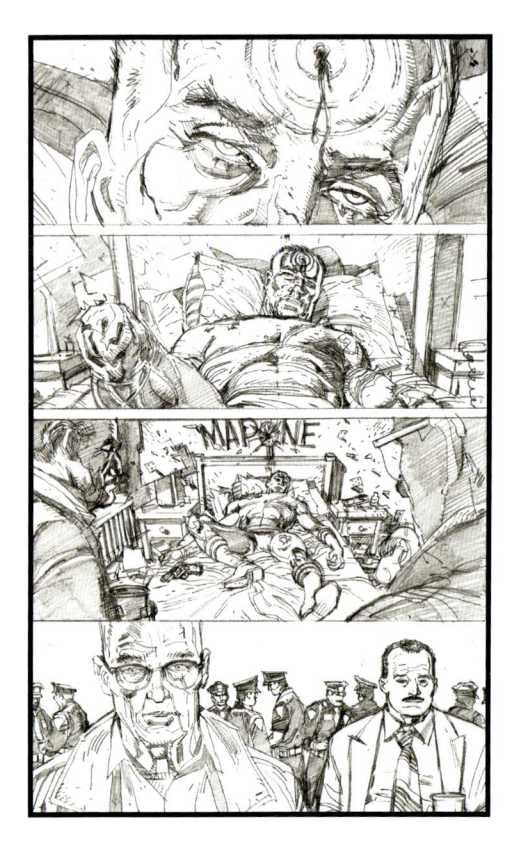

- Identificação do projeto como prestação de serviços (se for o caso)
- Pagamentos e relatórios de vendas
- Prerrogativa de tomada de decisões
- Recursos em caso de atrasos
- Remuneração por página e/ou salários
- Resolução de disputas
- Responsabilidades
- Responsabilidades promocionais
- Taxas sobre vendas e serviços
- Território

[Obs.: Há definições desses termos nas páginas 182-185.]

E se você for trabalhar com amigos ou familiares? Nesse caso você precisa ou deveria ter um contrato?

A. BENDIS: Acho que essa foi minha pergunta predileta! Eu acredito ser extremamente importante que todos tenham suas cláusulas e condições por escrito, e isso é igualmente essencial se você for fazer negócios com família ou amigos. Porque tudo se resume à natureza humana e a sermos falíveis.

Todo projeto envolve algum tipo de negociação, incluindo os projetos que você fizer com família ou amigos. Sem ter as cláusulas anotadas ou assinadas pelas duas partes, você pode, com toda sinceridade, lembrar-se de cláusulas diferentes. Não é necessariamente que você esteja mentindo ou manipulando a outra pessoa. É que a memória das pessoas não é confiável e as partes podem lembrar de pontos diferentes da mesma negociação.

Além disso, há vários aspectos de um acordo que só surgem em negociações de contrato, e uma omissão dessas discussões pode ser tão perigosa quanto não ter contrato nenhum.

Sem contar que, se alguém falecer sem ter a devida papelada em um projeto, como os herdeiros e herdeiras vão saber qual era o acordo?

Por esses motivos, insisto categoricamente em também ter contratos com amigos e familiares. No fim das contas, ter um contrato ajuda todos os envolvidos.

Qual a diferença entre um empregado e um prestador de serviço?

A. BENDIS: Um empregado é alguém que trabalha somente para um negócio ou empresa, e um prestador de serviço trabalha para vários negócios ou empresas ao mesmo tempo.

Como se redige o contrato perfeito?

A. BENDIS: Que bom que você fez essa pergunta. É praticamente impossível escrever o contrato perfeito. Os melhores advogados do mundo não têm como dar conta de todas as contingências, todas as nuances. É impossível. Contudo, sua meta deve ser chegar perto disso e garantir que você tenha o melhor advogado possível. No fim das contas, todos os lados têm de ficar satisfeitos com o acordo que se fechou. Por "todos os lados" eu me refiro a todas as partes envolvidas no trabalho ou na criação.

Mas, no frigir dos ovos, em algum momento todos os envolvidos vão ter de dar um voto de confiança aos outros. Você precisa confiar que os prazos serão cumpridos, que as duas partes darão o seu melhor e que o espírito do contrato será cumprido em qualquer circunstância. Meu conselho é conferir o histórico geral daqueles com quem você vai fazer negócios. Confira na internet, pergunte a outros profissionais que fizeram negócios com eles e então decida se vai ou não lhes dar esse voto de confiança.

Quer fazer um último comentário?

A. BENDIS: Eu e o Brian crescemos juntos e criamos juntos essa família e esse negócio incrível. Fizemos isso ouvindo quem era mais inteligente, indo atrás de advogado e contador e nos certificando de que conduzimos nosso negócio como negócio – como se o bem-estar da nossa família dependesse disso.

Quando abrimos essa empresa, a ideia de ter contratos de cinema e televisão parecia uma insanidade, mas nos planejamos. Agora eles estão surgindo e estamos prontos. Assistimos a muitos dos nossos amigos e colegas lutando para sobreviver devido a grandes erros que cometeram nesse departamento. Eles só queriam escrever, só queriam desenhar, não podiam se dedicar à parte "chata".

Então qual é o meu conselho? Consiga um advogado. Consiga um contador. Ouça o que eles dizem. Não fique torcendo para que tudo dê certo. Prepare-se para o pior e tenha surpresas agradáveis com todo o restante.

Não tenha medo de dizer "não" se houver algo no seu contrato de que você não gosta.

Algumas coisas aqui podem soar clichê, mas o maior clichê é o fato de tanta gente criativa deixar que ferrem com eles só por não seguirem essas orientações básicas.

DEFINIÇÕES DE TERMOS DE UM CONTRATO EDITORIAL

Aprovações: Seção que define quem tem a última palavra com relação à publicidade, ao material promocional e ao conteúdo do material de base.

Confidencialidade: Define não só que os termos do contrato devem ser confidenciais, mas também o conteúdo e o enredo do projeto.

Conteúdo e forma do trabalho: Essa seção declara se o contratado terá de entregar as artes originais ou se pode usar película ou outro formato digital. (Isso não afeta tanto os roteiristas, mas sim os desenhistas.)

Créditos: Aqui são especificados tamanho, posição e grafia exatos do crédito do contratado no projeto. O contrato pode dizer, por exemplo, uma coisa como "todos os nomes de autores terão o mesmo tamanho e corpo e aparecerão na capa, na encadernação e na página de créditos da obra".

Cumprimento de prazos e cronogramas: Essa seção define todas as datas e cronogramas para o projeto, assim como as consequências em caso de atraso.

Definição do produto: Isso incluiria o título provisório do projeto.

Detenção dos direitos: Seção que diz qual empresa, corporação ou pessoa reterá os direitos de propriedade intelectual sobre o projeto, incluindo, mas não se limitando, a *copyright* e licença dos personagens, marcas registradas e *design*.

Direitos de fiscalização: Define a autorização ao contratante de verificar informações financeiras e garantir que ele tenha sido pago devidamente.

Direitos em outras mídias: Define os direitos do contratado (roteirista/desenhista) com relação ao uso do projeto em mídias como televisão, cinema, *videogames*, internet e outros formatos que não sejam quadrinhos.

Divisão de *royalties*: Essa seção descreve como os *royalties* serão divididos entre todas as partes do projeto.

Duração e rescisão: Seção que define por quanto tempo os itens no contrato serão vinculantes (alguns talvez precisem ser vinculantes para sempre, ou *ad eternum*) e as circunstâncias e configurações que resultariam na rescisão do acordo e/ou da contratação.

Escopo do trabalho: Define o tempo previsto para finalização do projeto mais o número de edições ou coletâneas e/ou as edições e coletâneas exatas que estão cobertas pelo contrato.

Exemplares de cortesia: Especifica quantos exemplares (tanto de edições individuais de revista quanto coleções) o contratado recebe e como deve proceder caso queira exemplares a mais.

Garantias e indenizações: Seção que basicamente garante que o conteúdo e a criação são não só originais, mas também que foram produzidos pelas partes incluídas no contrato e não por uma terceira.

Identificação do projeto como prestação de serviço (se for o caso): Define se o projeto é ou não prestação de serviço. Isso quer dizer que uma parte receberá um salário ou honorário por página e não terá direitos de propriedade nem direitos intelectuais sobre o projeto.

Pagamentos e relatórios: Seção que especifica quanto tempo após o contratado entregar seu serviço ele pode esperar o pagamento (por exemplo, em 30 dias, em 15 dias) e que tipo de papelada de comprovação se espera. Se for um contrato de prestação de serviço, você determina o prazo entre receber o pagamento referente à obra e enviar a porcentagem devida aos subcontratados – quem trabalha na obra mas não é criador creditado do produto.

Prerrogativa de tomada de decisões: Essa seção, em contratos que não são de prestação de serviço e relativos a obras inéditas de propriedade dos autores, define quem tem a palavra final em todos os contratos com impressos, filmes, *videogames*, TV, *merchandising* e outros.

Recursos em caso de atrasos: Seção que define o que será considerado "atraso", quais seriam as consequências de atrasos e que forma e cronologia teria a rescisão.

Remuneração por página e/ou salários: Seção que especifica o valor exato que será pago ao contratado (ou seja: desenhista, roteirista, colorista etc.).

Resolução de disputas: Essa seção define, se houver um problema que exija o pagamento de honorários advocatícios, em qual estado se resolvem as disputas e quem paga os honorários de advogado ou da arbitragem.

Responsabilidades: Seção que define o(s) papel(éis) das partes cobertas no contrato – ou seja, descreve o que é um letreirista, o que é uma editora, o que é um roteirista.

Responsabilidades promocionais: Seção que delineia as responsabilidades de cada parte em termos de promoção da obra via mídias sociais, publicidade em outras publicações e em convenções.

Taxas sobre vendas e serviços: Em contratos com editores, seção que define um valor fixo ou uma porcentagem, ou uma combinação deles, que o editor reterá pela sua participação na distribuição do projeto ou produto.

Território: Seção que identifica quais são os países e idiomas cobertos pelo contrato e declara se as partes terão direitos no exterior na possibilidade de um acordo editorial à parte com editores fora do seu país.

Então, aí está. Os quadrinhos como negócio, o que é TÃO IMPORTANTE QUANTO os quadrinhos como arte. Consulte um advogado. Suas criações nos quadrinhos são parte de você. Proteja-as como se fossem sua família. Não seja um exemplo que ninguém deve seguir.

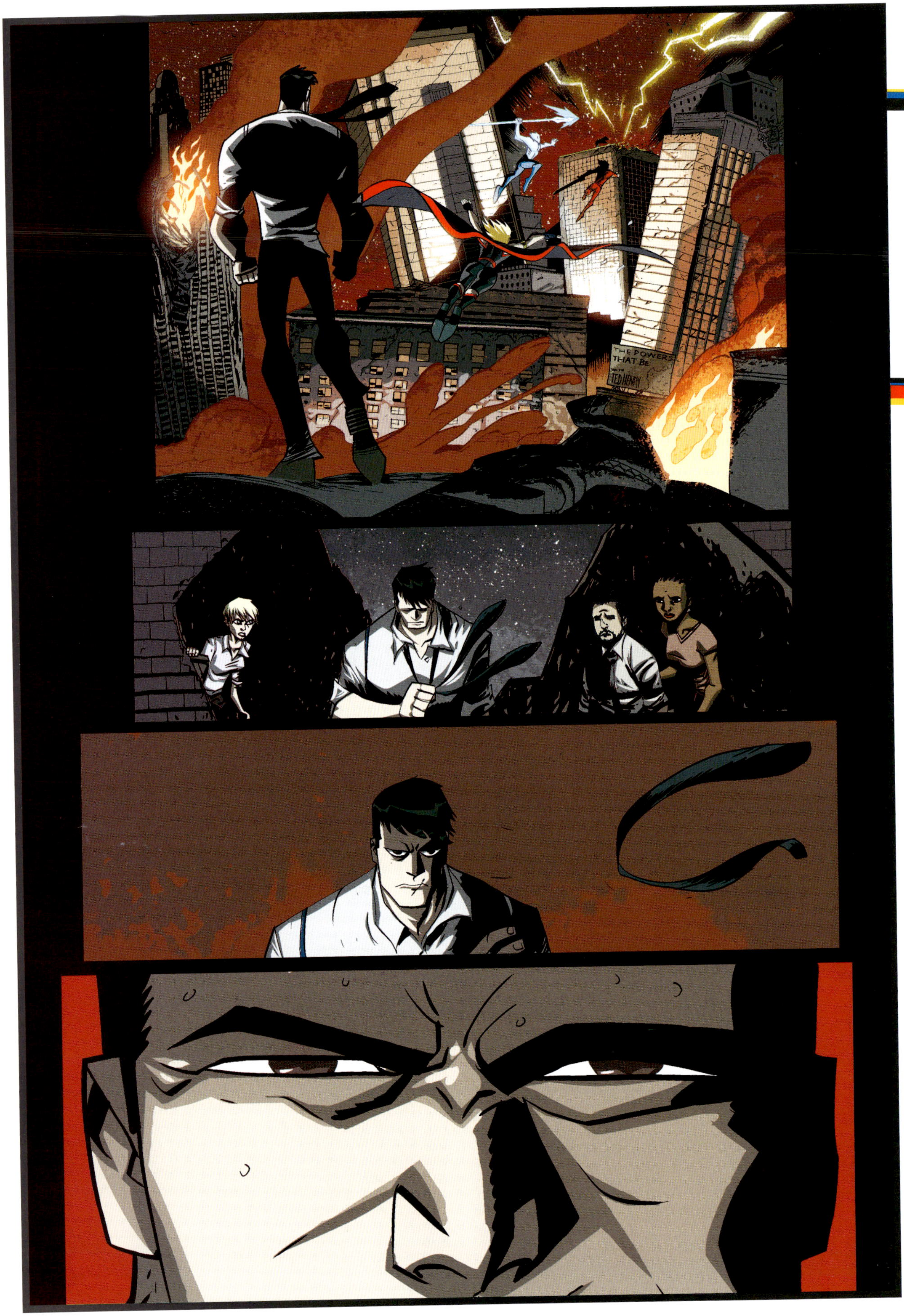
THE POWERS THAT BE
TED HENRY

CAPÍTULO 7

EXERCÍCIOS DE ROTEIRO

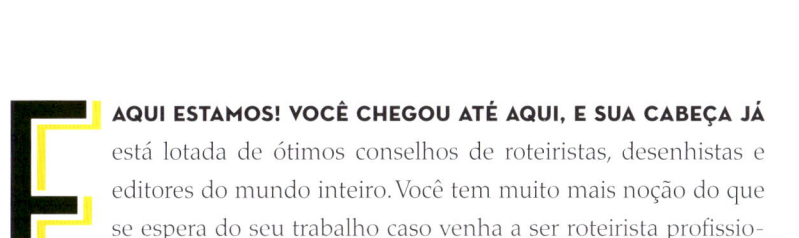

E AQUI ESTAMOS! VOCÊ CHEGOU ATÉ AQUI, E SUA CABEÇA JÁ está lotada de ótimos conselhos de roteiristas, desenhistas e editores do mundo inteiro. Você tem muito mais noção do que se espera do seu trabalho caso venha a ser roteirista profissional. Mas ainda assim… você está cheio de dúvidas.

Você tem tudo o que é preciso? Será que vai ser bom o bastante? Será que vai ter uma história dentro de si que as pessoas vão querer ler de verdade?

Não se preocupe com isso.

Sério.

Essa sensação nunca vai sumir. Eu já escrevi centenas de gibis, já ganhei prêmios, já trabalhei com alguns dos grandes desenhistas do planeta e ainda tenho essas dúvidas, a todo momento. Aliás, todas as minhas realizações só agravam muitas das dúvidas que tenho quanto a mim mesmo como produtor e como artista.

Todo mundo sente isso. Todos os meus colegas sentem. É praticamente só sobre isso que a gente conversa.

Também damos um jeito. Tentamos trabalhar essas dúvidas. Vamos trabalhando nossa técnica. Encontramos maneiras de nos aperfeiçoar. Aceitamos projetos que nos fazem encarar nossas deficiências. Escrevemos histórias e personagens que propositadamente desafiam as nossas expectativas e as dos outros.

Não quero dizer que todo mundo faz isso. Aqui com certeza há duas correntes. Existem aqueles que ficam constantemente aperfeiçoando sua

PÁGINA DA ESQUERDA
Desenho de Michael Avon Oeming

técnica e aqueles que, consciente ou inconscientemente, fazem tudo que estiver ao alcance para encobrir o que têm de inadequado.

Pode ser difícil detectar isso em roteiristas, mas talvez você tenha visto esse comportamento em certos desenhistas de quadrinhos. Você vê um desenhista que não sabe desenhar, digamos, pés. Há um tipo de desenhista que vai encobrir isso enchendo as páginas com fumaça que sopra ao nível dos tornozelos ou com capas bem compridas. Já outro tipo de desenhista percebe que não sabe desenhar pés, e aí só desenha pés. Quem sabe passe um ano desenhando apenas pés. Ele vai desenhar pés até que seja o que faz de melhor.

Embora visualmente não seja tão óbvio, roteiristas fazem a mesma coisa.

Se você comprou este livro, suspeito que você seja o tipo de roteirista que queira passar por cima de todas as suas dificuldades trabalhando duro. Ninguém pode ajudar você a dar conta disso – ninguém, no caso, fora *você*. Você se conhece melhor do que ninguém. Você sabe no que precisa melhorar. Talvez você não confie nas suas habilidades com diálogos. Talvez você ache que escreve diálogos sensacionais, mas não consegue armar uma cena de ação passável, nem se sua vida dependesse disso. Talvez você ache que tem uma boa trama, mas tem muita dificuldade em entender seus personagens. Talvez haja um gênero que o deixa desconcertado. Talvez você simplesmente não se sinta confiante com relação a como fazer tudo dar certo nas páginas de HQ. E tudo bem.

A única coisa que não vai ficar bem é se você achar que não precisa melhorar em nada. Aí quer dizer que você é louco. Se você acha que leu este livro e, pronto, tudo resolvido, PARE DE PENSAR ASSIM! E, voltando ao que eu estava dizendo, VOCÊ NUNCA VAI ESTAR PRONTO. É uma jornada, uma busca, um comprometimento que vale para a vida.

Independentemente de quem você for, do tipo de roteirista que você pensa que é, você PRECISA TRABALHAR SUA TÉCNICA. Não me interessa se seu professor de escrita criativa lhe deu nota dez e três estrelinhas de ouro em todas as suas entregas. Você entrou numa jornada criativa que não tem última parada. Todo dia você precisa fazer coisas para ficar melhor. É igual a malhar. Você tem de fazer todo dia ou vai tudo para o inferno (pelo menos é o que me dizem sobre malhar.) Alguns de vocês compraram este livro porque acham que eu entendo de tudo e já resolvi tudo… Mas não! Eu escrevi este livro *para tentar me resolver!*

Boa parte da jornada, como muitos já disseram antes de mim, é simplesmente ler e escrever. Se você for um roteirista, a melhor maneira de aprender é ler e escrever TODO DIA.

"Se você quer ser roteirista, você tem de fazer duas coisas mais do que quaisquer outras: ler muito e escrever muito. Não existe jeito nem atalho que eu conheça para superar essas duas coisas."

– Stephen King, *On Writing* [Sobre a escrita]

Como roteirista, você *lê* com mente de roteirista. Sua mente funciona de outro jeito. Você não lê só pelo conteúdo, mas também pela técnica. Aliás, você pode ter dificuldade em ler só para se divertir. Assim que o roteirista vê uma coisa sensacional, ele imediatamente começa a decompor. A dissecar. Por que isso deu certo? Deixe-me lhe contar uma coisa: você aprende tanto com o fracasso quanto com a obra-prima do outro.

OS MELHORES PERSONAGENS NASCEM DA SUA VIVÊNCIA!

Quando estiver em dúvida, use sua vida. Use seus relacionamentos. Use seus amigos. Use seus pais. É sua função como roteirista escrever o mundo ao seu redor. Sua perspectiva sobre este mundo é singular.

Vou dar um exemplo pessoal: em *Homem-Aranha Ultimate*, eu estava cheio de dúvidas com relação a como retratar a Tia May de Peter Parker. É uma personagem que historicamente foi mal escrita, a ponto de virar caricatura. Ela era um ataque cardíaco ambulante.

Tentei pensar numa figura materna legal que eu conhecesse. Mas também queria alguém que fosse muito arrojada, de personalidade forte. Revirei a cabeça até que me ocorreu quem era a única pessoa na minha vida sobre a qual eu nunca havia escrito nada: minha mãe. (Alguns vão dizer que tudo que eu já escrevi foi sobre minha mãe, mas isso é outro assunto, para outro livro.)

Minha interpretação da Tia May é uma imitação certeira da minha mãe… caso a minha mãe tivesse cuidado, sem saber, do Homem-Aranha, em vez de ter cuidado de uma criança meio maluca, obcecada por escrever o Homem-Aranha. A única pessoa no mundo que sabe o quanto a imitação é certeira é o meu irmão. Com sorte, todo mundo acha que a Tia May é uma personagem inventada. Você não precisa conhecer minha mãe para entender como a Tia May é real para mim.

Você pode fazer a mesma coisa com seus personagens. Você pode usar gente da sua vida. Você pode deixá-las colorirem seu mundo, seus personagens. É provável que você já faça isso subconscientemente. Mas acho que é melhor quando você faz propositadamente, de cabeça erguida.

Entretanto, não confunda caráter e caracterização. Se você diz que um personagem usa cachecol azul e óculos de aviador, isso é caráter ou caracterização? É caracterização. É "colorir o personagem". Caráter diz respeito às decisões que o personagem toma. As ações que o personagem executa. Quando penso na Tia May, penso: "O que a minha mãe faria?" E não: "O que minha mãe vestiria?"

Você também pode sair da sua zona de conforto e absorver o mundo ao seu redor. Assim como um desenhista aprende a desenhar desenhando o mundo vivo, o roteirista aprende a escrever *escrevendo sobre* o mundo vivo. Nos meus tempos de glória, quando usava transporte público para ir ao serviço, eu costumava levar um bloquinho e desenhava as pessoas no ônibus. Focava em personagens pitorescos, não só os desenhando, mas também fazendo listas de antecedentes fantasiosos de cada um. Eu escrevia sobre essa gente. Olhava e resolvia de onde eles vinham, onde cresceram e como foi a vez em que aquele cara comprou aquele casaco. Eu criava histórias bem elaboradas sobre essas pessoas, sem nunca saber se eram ou não verdade. Assim eu saía do meu quadradinho. Aquilo me deu empatia por gente que tinha estilos de vida diferentes, que vivia em mundos diferentes do meu.

Sei que soa esquisitão eu dizer que ficava olhando e decompondo gente na rua. E é. Só posso recomendar o seguinte: tente não ser óbvio. Claro que pode acontecer de você querer que a pessoa note o que você está fazendo, porque ele ou ela é bonitinho(a). Ora, manda bala. Veja o que acontece. Vou dizer que em 90% das ocasiões você vai deixar a pessoa assustadíssima. Ele ou ela pode até querer briga, e quem sabe tudo bem, porque o que ele ou ela fizer com você vai virar matéria-prima. E, se acontecer de ele ou ela ficar encantado com você e passar o número de telefone, isso também provavelmente vai servir de matéria-prima.

O mundo está aí para você ouvi-lo, observá-lo, absorvê-lo. Você tem de adestrar seu cérebro não só para ouvir as conversas na sua vida, mas também entender como essas conversas soam. Você precisa ouvir a música do mundo ao seu redor.

O mais importante é que você escave tudo que puder e aproveite o que for bom. Vá ao *shopping center*. Ao parque. Vá aonde há gente e… escute. Absorva tudo. E devolva SÓ o que for bom para suas páginas.

Pois nem tudo no mundo é uma história que vale a pena repetir.

A magia está em achar o que é interessante. A magia está em descobrir que "diálogos realistas" na verdade não são tão realistas. A maior parte dos diálogos no mundo real é bem chata. Existem pessoas que não sabem que as histórias que contam não são assim *tão* interessantes para os outros. Existem pessoas que não sabem quando falaram demais.

"Você tinha de estar lá." Já ouviu alguém falar isso depois de contar uma história que não "bateu" como o narrador esperava? É de alguém que não soube como contar uma história.

Por isso os leitores se voltam para você, o roteirista. Eles querem que você conte uma história. Querem uma história mais bem armada do que as que os cercam na vida real. Gente que preferiria desligar o "diálogo realista" e ouvir o seu.

Adestre o cérebro. Adestre os ouvidos.

A ARTE DA PÁGINA DE QUADRINHOS

Existem verdades sobre o roteiro que se aplicam a quase todas as mídias. E existem as ideias que são específicas aos quadrinhos. Uma delas é conhecer o espaço que você tem na página de quadrinhos. Quanta coisa você faz caber numa página sem sobrecarregar nem deixar algo faltando? Quanto é demais e quanto é de menos? Quantos quadros são exagero? Quantos balões são exagero? Quantas personagens você faz caber num quadro sem entupi-lo?

A resposta é: não há resposta. Você precisa ter um *feeling* de como a página se monta. Você tem de estudar. Estude os mestres e estude os pilantras. Decomponha todos os exemplos. Faça engenharia reversa.

O ROTEIRO

Pegue uma página de uma HQ publicada e faça engenharia reversa. Qualquer página. Qualquer gibi. Uma página que deixou você abalado. Agora decomponha a página. Quantos quadros ela tem? Quantas figuras ou elementos da história existem na página? Que ângulos de "câmera" o desenhista usou? Escreva como você imagina que seja o roteiro. Treine-se para escrever o roteiro de uma boa história. Acostume-se a escrever uma página que dá certo. Acostume-se com a sensação. Se você conseguir encontrar o roteiro na internet para comparar com a sua versão, excelente. Mas não é necessário.

Veja as páginas a seguir como exemplo. Escreva sua versão de um roteiro de quadrinhos destas páginas. Vamos lá!

Depois, faça a mesma coisa com uma página de HQ que você considera ruim. Encontre uma HQ que deixa você incomodado e faça a mesma coisa – decomponha a página. Quantos quadros? Quantas figuras ou elementos da história existem na página? Veja se você consegue encontrar uma maneira melhor de contar essa história.

Desenhos de Olivier Coipel

EXERCÍCIOS DE ROTEIRO 193

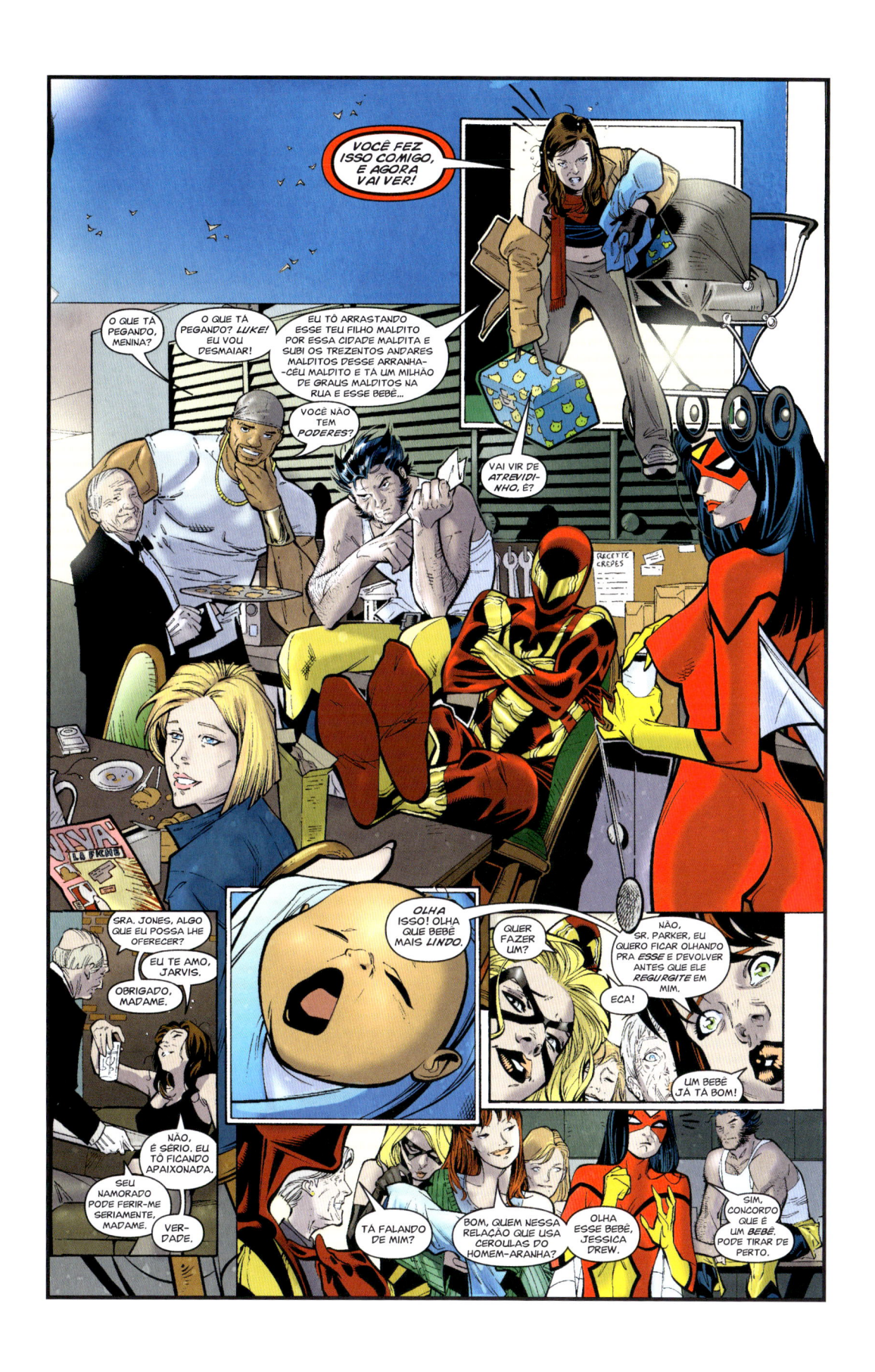

A HISTÓRIA

E então você quer se abrir para diferentes maneiras de fazer roteiro e diferentes histórias? Outro truque é achar uma página de HQ com letreiramento. Há centenas de exemplos na internet. Editoras de quadrinhos soltam *previews* de páginas com as letras o tempo todo.

Imagine um editor que liga para você e diz: "O roteirista desse projeto sumiu e preciso de alguém para finalizá-lo. Mas não tenho nada de anotações do primeiro roteirista. Pegue essas páginas e faça mais cinco. Termine essa cena. Termine essa história."

Assuma o desafio: escreva a página seguinte. As *páginas* seguintes. Vamos lá!

Desenhos de Chris Bachalo

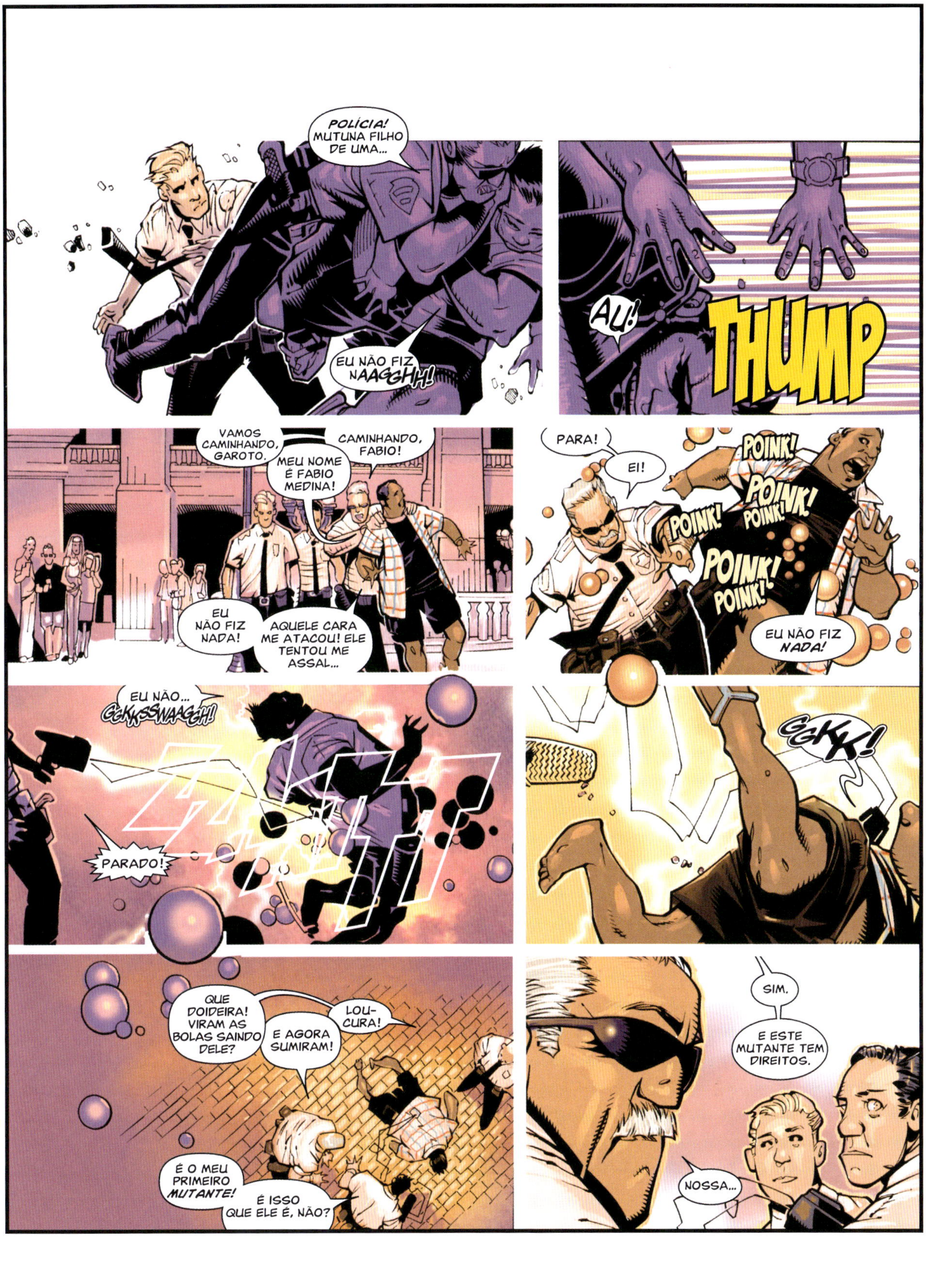
POLÍCIA! MUTUNA FILHO DE UMA...
EU NÃO FIZ NAAGGHH!
AU!
THUMP
VAMOS CAMINHANDO, GAROTO.
MEU NOME É FABIO MEDINA!
CAMINHANDO, FABIO!
EU NÃO FIZ NADA!
AQUELE CARA ME ATACOU! ELE TENTOU ME ASSAL...
PARA!
EI!
POINK! POINK! POINK! POINK! POINK! POINK!
EU NÃO FIZ NADA!
EU NÃO... GGKKSSWAAGGH!
PARADO!
GGKK!
QUE DOIDEIRA! VIRAM AS BOLAS SAINDO DELE?
LOU-CURA!
E AGORA SUMIRAM!
É O MEU PRIMEIRO MUTANTE!
É ISSO QUE ELE É, NÃO?
SIM.
E ESTE MUTANTE TEM DIREITOS.
NOSSA...

DIÁLOGOS

Nesta atividade, você vai precisar de páginas sem letreiramento. Você encontra centenas na internet ou em livros sobre quadrinhos.

Imagine que um editor telefona para você e diz: "Temos essas páginas que já estão desenhadas, mas o roteirista só nos passou o argumento. Nós o transferimos para outro projeto. Precisamos de alguém para inserir diálogos nessas páginas."

Em primeiro lugar, essas situações acontecem de verdade. Há carreiras que se construíram a partir de uma situação dessas. E que jeito fantástico para ter noção de como inserir diálogos na página. Ajuda você a se acostumar ao pouco ou muito que a página lhe oferece.

Encontre na internet páginas de revistas que você nunca tenha lido. Ou use o exemplo abaixo.

Vamos!

Desenho de Michael Allred

VIRADAS DE PÁGINA E GANCHOS

Outro elemento específico à arte da página de quadrinhos é a *virada de página*. Stan Lee cunhou a famosa frase: "Todo gibi é o primeiro ou último gibi de alguém." Se for o último, a culpa é do roteirista e do desenhista. Se for o primeiro e o leitor for fisgado, a culpa também é do roteirista e do desenhista. Com essa filosofia na cabeça, Stan sempre bateu na ideia do gancho (ou *cliffhanger* – literalmente "pendurado à beira do precipício") no fim da edição. Leia as cem primeiras edições de *Homem-Aranha* ou *Quarteto Fantástico*… a história não termina nunca. É gancho atrás de gancho! A cada 20 ou 22 páginas, sempre a coisa mais louca está prestes a acontecer. Acredito piamente nisso: a arte do gancho.

Em um documentário chamado *Countdown to Wednesday* [Contagem regressiva para a quarta-feira], Mark Waid confessou que era muito comum no seu dia a dia escrever um gancho sem saber como ia resolvê-lo na edição seguinte. Houve uma vez em que ele deixou literalmente um carro caindo de um precipício. Bravo!

Tentei levar a filosofia de Stan um pouquinho além. Tentei criar um minigancho ao fim de cada página. CADA PÁGINA. Vinte ganchos. Às vezes é um grandão – um personagem misterioso se revela ao herói. O leitor vira a página e descobre quem é. Às vezes é um pequeno – um personagem faz uma pergunta, mas o leitor tem de virar a página para descobrir a resposta.

Também notei uma coisa que os roteiristas e produtores do seriado *24 horas* tentaram. Eles tinham um gancho físico e um emocional. GANCHO DUPLO! Comecei a aplicar isso nos quadrinhos. A página 20 era um gancho físico: "Será que ele vai morrer?" E a página 21 seria o gancho emocional: "Será que ela vai se separar dele?" Quando vejo gente na internet que fica louca com as minhas séries, mas mesmo assim continua comprando, eu sei que é por causa dos vinte miniganchos em cima desse gancho duplo. Fisguei você!

A importância do espaço físico da página de HQ e a arte de fisgar o leitor são duas miniartes muito importantes que você tem de confrontar no seu roteiro. Não existe resposta certa ou errada sobre como fazer. Saber que esses desafios existem vai deixá-lo bem afinado. O ato de procurar respostas para esses e outros desafios na página vai fazer você virar de imediato um roteirista de quadrinhos melhor.

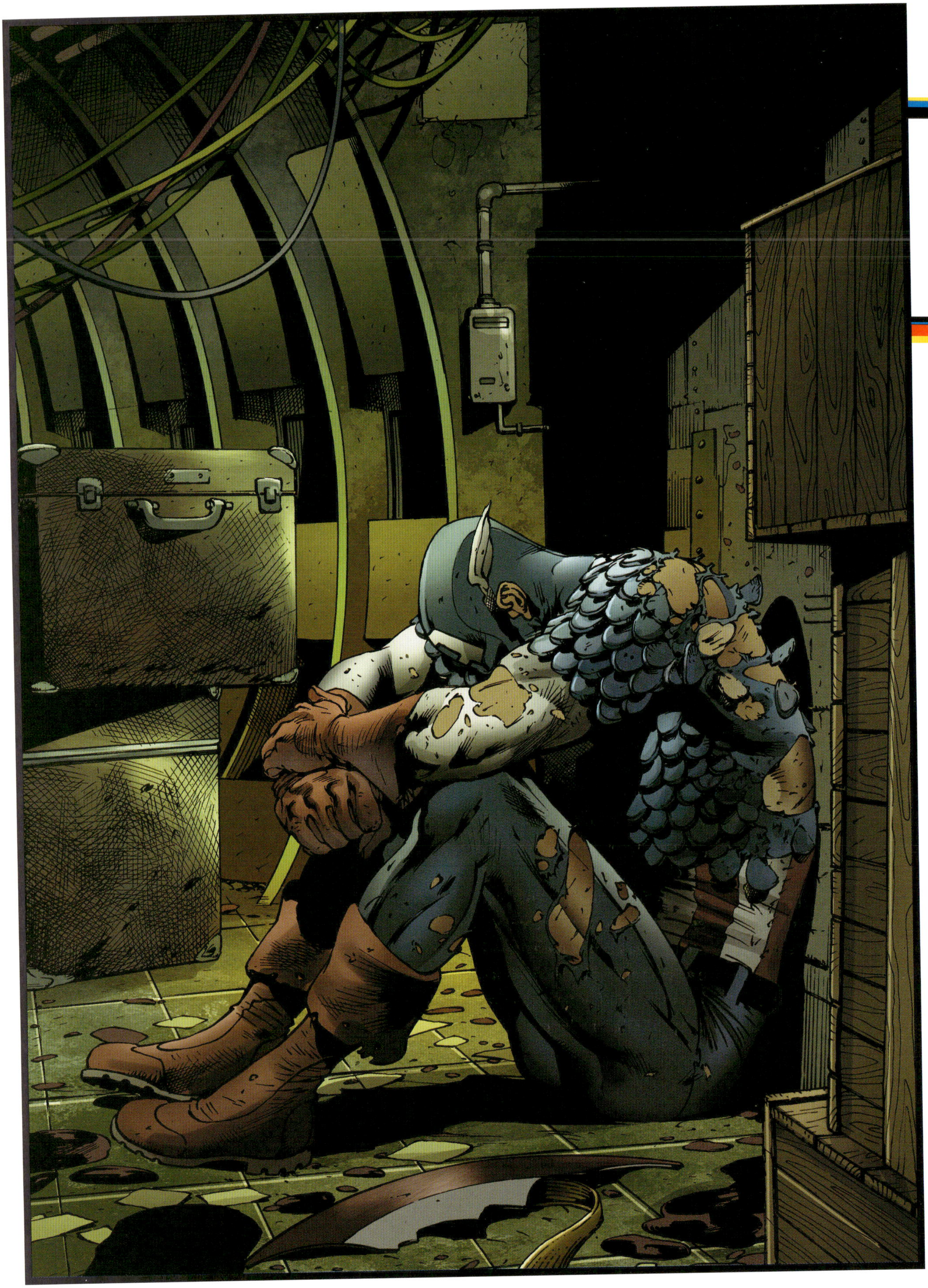

CONCLUSÃO

ACONTECEU UMA COISA ENGRAÇADA QUANDO EU ESTAVA chegando ao final deste livro.

Enquanto eu dava os toques finais nestas páginas, uma pequena polêmica eclodiu. Como eu disse na página 163, tenho um Tumblr que roda principalmente desenhos de HQ e ocasionalmente, quando me sobra um tempo, perguntas e respostas. Eu me aposentei de convenções de quadrinhos porque minha esposa e eu criamos quatro filhos (isso, quatro! Taí mais um livro!). Se me sobra um minuto, gosto de responder a todo tipo de pergunta – seja perguntona ou perguntinha. Tendo a escolher perguntas sobre processo de trabalho porque entre este livro, dar aulas e ser roteirista, é nisso que está minha cabeça na maior parte do tempo. Uma em cada dez perguntas geralmente gira em torno de alguma coisa como: "Me ajuda a começar, me ajuda a sair do chão, me ajuda a entrar no mercado." E praticamente dia sim, dia não dou alguma versão da minha filosofia "escreva todos os dias/faça sua própria HQ". Uma filosofia que eu sigo, mas que nem cheguei perto de inventar.

A versão da pergunta naquele dia foi: "Qual conselho você dá a alguém que está com um bloqueio para escrever há seis ou sete anos?"

"Sete anos" me estatelou. Não vou mentir. Respondi: "Vai soar grosseiro, mas acho que você não é escritor. Escritores escrevem todo dia. E tudo bem, nem todo mundo é escritor. Mas, se você se considera um, levanta essa bunda e vai trabalhar! Escreva sobre por que você não consegue escrever. Qualquer coisa. Mas escreva."

Minha resposta foi sucinta, eu sei, mas, mesmo assim, pensei: "Essa pessoa quer que eu diga para ela escrever." E segui no meu trabalho.

PÁGINA DA ESQUERDA
Desenho de Bryan Hitch

Quando voltei ao mundo mágico da internet, descobri que a polêmica tinha estourado. Três mil e poucos comentários ou notas em poucas horas. *Oh, oh, o que foi que eu fiz?*

Tinha gente chateada comigo por decidir de cara que alguém que não escrevia fazia sete anos não devia ser escritor. Aliás, fui absurdamente mal parafraseado por alguns que disseram que a pessoa COM CERTEZA não era escritora. Teve gente que veio me contar circunstâncias trágicas e outras explicações para não conseguir escrever. Fiquei triste com as histórias, mas eu não estava falando dessas pessoas nem das circunstâncias trágicas que elas tinham vivido. Eu respondi à pergunta de um cara. Alguns achavam que só pensar em escrever já era o bastante para se chamar de escritor. Foi a frase que li de muita gente. Eles tinham grandes histórias, só ainda não tinham posto no papel. Eles pensam sobre escrever, então são escritores. E quem era eu para dizer que não!?

No mesmo dia, o autor da pergunta original veio falar comigo e agradecer por tirá-lo do chão. Era com ele que eu estava falando e era isso que eu queria. Ser um Walt Simonson.

Durante aquela semana, definiu-se a fronteira entre as escolas "escritor é quem escreve" e "escritor escreve quando e se estiver a fim". De início os grupos estavam bem cindidos, mas parece que desde então tenderam à minha ideia original. Eu fui sucinto, mas não estava errado. Até o fechamento deste livro, a postagem inspirou textos em alguns jornais pequenos e *blogs* fora da indústria de quadrinhos. Geralmente foram escritores que aproveitaram a desculpa para escrever sobre escrever. Por mim, tudo bem.

O que me fascina no *feedback/backlash* nessa coisa toda é que muitos dos que responderam e que não escreviam com regularidade escreveram um monte sobre o tema. Respostas compridas! Escreveram sobre não escrever mais do que muito escritor escreve de fato. E aí notei que muitos deles usavam a palavra *medo* nas discussões sobre por que não escrever.

"Eu tenho medo de que ainda não tenha entendido tudo."

"Tenho medo do fracasso."

"Essa discussão sobre 'bloqueio' me deixa com medo, porque acho que talvez eu não seja bom o suficiente nem tenha disciplina para ser profissional."

"Temo que eu esteja trabalhando em algo que é muito parecido com outra coisa que outra pessoa está fazendo."

"Tenho medo de não conseguir terminar."

Medo.

O medo parece ser o desmotivador número um entre gente que não escreve. O medo impede as pessoas de se expressarem. Se você tirar alguma coisa deste livro, de todos os autores e editores nestas páginas, que seja isto: MANDE O MEDO EMBORA. Se você não conseguir mandá-lo embora, escreva com ele. Está com medo? Escreva sobre estar com medo!

Lembre-se de que todo mundo vive com medo. A diferença entre os escritores, os autores que publicaram alguma coisa, e todo o resto do mundo, é que os primeiros não deixam que o medo do fracasso, o medo do sucesso, o medo da crítica os tornem estáticos. Cada um dos seus heróis na literatura, seja ou não em quadrinhos, chegou a ser quem é porque não deixou o medo ditar o rumo.

Eu tive fracassos. Já desabei na frente de milhares de leitores. Fui arrastado pela internet por semanas, por meses sem fim, porque matei um personagem querido. Meu medo patológico de erros de impressão virou realidade e foi horrível. Tudo de que você tem medo que aconteça com você como escritor aconteceu comigo e vou lhe dizer: tudo passa. Sabe o que acontece quando seu maior medo relacionado à escrita se concretiza? Você deita no chão durante uma hora, se levanta e tenta de novo. Se você for escritor de verdade, não há nada que QUALQUER PESSOA pode dizer ou fazer que vá impedi-lo. Principalmente se essa pessoa qualquer estiver nas *interwebs*.

Não há absolutamente nada do que ter medo. Nada. É tudo ilusão. Vá escrever.

A outra parte que entendi nesse toma lá, dá cá foi que muitos leitores ou aspirantes a roteirista gostavam de usar autores com ritmo de publicação lento como exemplos de por que não há problema em não se escrever com frequência. "Ora, meu autor predileto lança um livro a cada dez anos!" "Meu escritor favorito só escreveu um livro na vida inteira."

Fiquei surpreso ao ver quanta gente achava que tudo que leram de um autor foi tudo que o escritor já escreveu. Não, não, não. Mas não mesmo. Para cada página publicada existem uma, dez, cem páginas que nunca vão ser vistas. Um livro que levou dez anos para se escrever pode *realmente* ter levado esses dez anos inteiros para ser escrito. E reescrito. E remanejado. E modificado.

Este livro! Este livro mesmo passou por dezenas de revisões e reescrituras. Aliás, eu tinha outro epílogo até essa coisa no Tumblr inspirar este que você está lendo.

Sim, o escritor pode ter bloqueios. Sim, a tela em branco ou a página em branco são pesadelos. Há escritores que acham que bloqueio de escritor não existe. Que é um mito. Claro que existe, mas acho que ele não tem nada a ver com a escrita. É uma outra dor, profunda, pessoal, que se manifesta como bloqueio e que não deixa sua mente criar. E isso é horrível, simplesmente horrível. Eu nunca tive e espero que nunca tenha. Se eu tiver, espero que siga meu próprio conselho e escreva sobre o bloqueio.

Mas sei que é um fato que o escritor ou escritora escreve muito mais do que deixa você ler. Não se guie pelo número de páginas. O número de páginas é o verdadeiro mito.

Nada vai sair de você num fluxo tranquilo. Por isso é tão importante você escrever todo dia. Você precisa expurgar as páginas ruins de si. Você precisa eliminar mil páginas para chegar a uma dúzia perfeitinha. Eu juro que seu autor predileto tem dezenas de livros nas gavetas que não mostra nem para o melhor amigo. Porque sabe que são ruins.

John Lennon e Tupac morreram faz anos e CONTINUAMOS encontrando demos e faixas deles. Eu vou dizer: eles não lançaram esse material para o público porque odiaram, mas não conseguiram jogar fora. (Anotar: Incluir no meu testamento que minha esposa e filhos não podem lançar cenas apagadas nem projetos abortados que não tive coragem de jogar fora.)

Não se sente e fique SÓ pensando na sua história. Pense e escreva. Escreva enquanto pensa. Mesmo assim as palavras não vão sair com facilidade. Podem até deslizar como manteiga, mas você vai ficar chocado em ver quantas vezes vai ter de reescrever uma frase. Você não ia acreditar quantas vezes tive de reescrever esta frase! Não tenha medo das páginas ruins. Aceite-as. A cada uma que você escreve, mais perto você fica do tesouro. Ninguém quer se atolar na lama, mas, se você souber que há ouro lá embaixo, você se atola.

É por isso que você tem de escrever todos os dias.

Certo. Chega.

Vá escrever.

Estou louco para ler um gibi bom. Faça o seu que eu quero comprar.

BRIAN MICHAEL BENDIS

AGRADECIMENTOS

E STE LIVRO ACONTECEU POR CAUSA DE DIANA SCHUTZ. Foi ela quem me botou na rota para virar educador. Acredito firmemente que ninguém pensaria em me convidar a escrever um livro como *Escrevendo para quadrinhos* sem que ela tivesse me posto nessa direção.

Quando comecei a dar minha disciplina na faculdade, eu sabia que podia pedir a qualquer pessoa que conheço que trabalha com quadrinhos para aparecer e dar uma aula como convidado ou ajudar de outra forma. Não só porque sou um cara supimpa, mas porque eu sabia que quase todo mundo que conheço no mercado dos quadrinhos ia pular de cabeça na chance de dividir o que sabe com gente que quer saber o que eles sabem. Quadrinho é assim.

Quando começamos a montar este livro, logo decidi que não ia ser um livro de "como escrever igual a mim", mas sim um mostruário das várias maneiras de como as coisas são feitas. Eu sabia que podia pedir ajuda ou colaboração de praticamente todo mundo que trabalha com quadrinhos, e que me ajudariam. Eles não perderiam a chance de dividir o que sabem com gente que quer saber o que eles sabem. Quadrinho é assim.

O que eu não sabia era quanta ajuda eu ia ter dos meus amigos e colegas. Quando mostrei a Matt Fraction a versão editada de uma entrevista que tínhamos feito juntos e que eu queria incluir no livro, ele me devolveu uma seção totalmente nova, toda escrita por ele. Em parte, isso foi porque ele sabia que eu tinha um bebê novinho em folha que apareceu de uma hora para outra na minha família e ele queria ajudar do jeito que fosse. Por outro lado, ele fez isso só por ser quem ele é. Alguém que larga tudo para ajudar um amigo. Quadrinho é assim. Ou melhor, o Matt é assim. Mas o Matt, para mim, é os quadrinhos.

Stan Lee, o poderoso chefão dos quadrinhos, é uma pessoa com quem tenho uma boa relação profissional. Ele foi muito legal comigo tanto em público quanto no privado. Quando alguém é tão legal comigo, minha tendência é não pedir nada. Eu literalmente fiquei andando pelo meu escritório um dia inteiro até decidir se ia ou não incluir o Stan na lista de gente que eu esperava que fosse colaborar com o livro. Tranquei a respiração e mandei um *e-mail* para ele. E, antes de qualquer um dos meus amigos – gente que até me deve uma ou outra – conseguir me dar retorno, Stan me mandou na hora coisas que ele achou que eu podia usar. Uma das pessoas mais importantes a fazer quadrinhos, em sua nona década neste planeta, largou tudo para me ajudar. Porque quis. Quadrinho é assim.

Cada desenhista, roteirista e editor que dedicou um tempo para colaborar com este livro o fez simplesmente porque gostou da ideia. Não foi por outro motivo. Absurdos 98% das pessoas que convidei para estar neste livro disseram sim. Quadrinho é assim.

Minha grande família na poderosa Marvel Comics, na forma dos queridos Dan Buckley e David Bogart, me deram acesso a tudo que você vê neste livro. Eles também deram a Jen Grunwald, editora de longa data em todos os meus projetos autorais, acesso a tudo de que eu precisava para fazer este livro parecer um livro de verdade. Ninguém precisava ter feito isso. Todo mundo por lá é bem ocupado. Quadrinho é assim.

E deixe-me dizer uma coisa: Jen Grunwald é uma santa.

Meu agradecimento a Joe Quesada, que viu meus gibis independentes de vendas parcas, achou que eu tinha alguma coisinha e me botou no palco mundial dos grandes quadrinhos. Muita gente gosta de levar o crédito pelo meu "eu profissional", mas só tem uma pessoa que leva. Aprendi mais sobre o mundo vendo o Joe sendo o Joe do que praticamente todo o resto.

Meu querido editor Patrick Barb surgiu com a ideia de fazer este livro porque me seguia na internet e notou meu entusiasmo por estudos dos quadrinhos e educação. Não sei no que ele pensou quando veio se meter comigo, mas acho que fui uma amolação bem maior do que ele esperava. Ele sabia que eu – por algum milagre – sou uma pessoa bem atarefada que só ia trabalhar neste livro nos intervalos entre um projeto e outro. Mas ele não sabia que a minha esposa ia ficar acidentalmente grávida nem que o circo em torno da minha carreira na TV ia estourar na nossa cara. Mesmo que coisas boas tenham advindo das duas situações, Patrick demonstrou uma paciência incrível. Nem uma vez ele mencionou a ironia de eu escrever um livro sobre como ser profissional enquanto era, pode-se dizer, tudo, menos profissional.

A todos que dedicaram tempo e energia neste livro, agradeço muito.

Aos padrinhos da formação em quadrinhos Will Eisner e Scott McCloud, obrigado por elevar o nível de livros como este a tal ponto que tive de botar quase toda a indústria de HQ contemporânea neste projeto para tentar conquistar meu lugar na prateleira ao lado de vocês.

E, o mais importante, este livro é para você – o roteirista da geração que vai vir depois da minha e dos meus colegas, e que todo dia nos faz perguntas sobre o ofício, na internet, em sessões de autógrafos e convenções (mesmo que sejam as mesmas perguntas que nós nos fazemos). Com sorte, você vai levar a informação deste livro consigo na sua jornada e aplicá-la nos projetos em que está trabalhando agora.

E, quando não funcionar, você tenta de novo. E de novo. E de novo.

Porque, como você sabe, não existe atalho nem magia. O único jeito de fazer quadrinho é se sentar e fazer quadrinho.

Desenho de Bryan Hitch

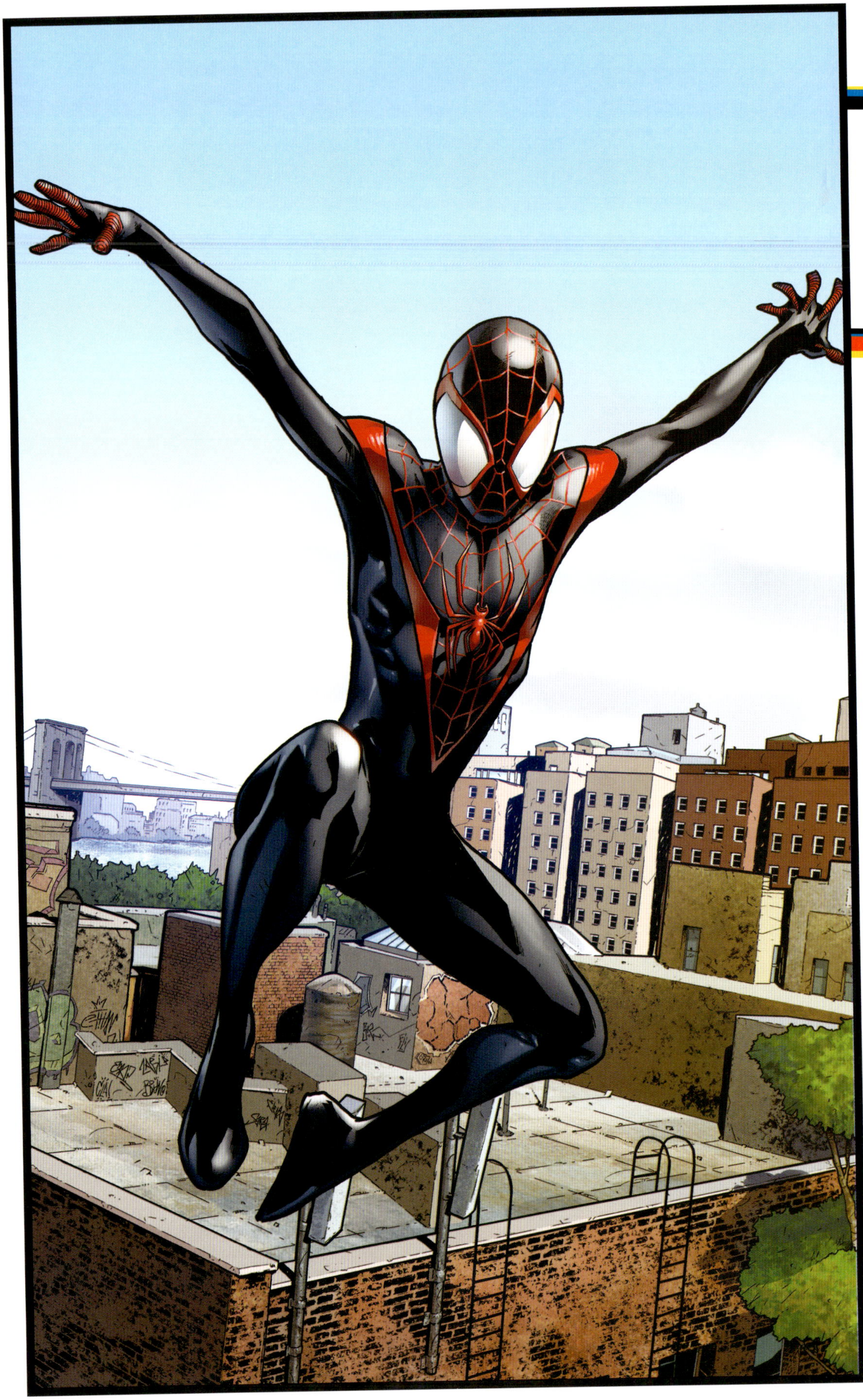

ÍNDICE REMISSIVO

A

Aaron, Jason, 99, 109
Adams, Arthur, 130
Aja, David, 53, 54, 56-58, 60-62
Allie, Scott, 137, 138, 142, 145, 146
Allred, Michael, 90, 91, 95, 101, 105, 111
Amanat, Sana, 137, 139-40, 142, 144, 146, 148
Aprovações, 182
Argumento. *Ver* Estilo Marvel
Arisman, Marshall, x-xi
Arte-finalistas, 38-39
Atrasos, recursos em caso de, 184

B

Bachalo, Chris, 90, 94, 99, 103, 108, 115
Badger, 107
Bagley, Mark, 42, 83, 85, 90, 92, 96-97, 102, 106, 112
Balões
    posicionamento de, 42
    rabinhos de, 43
Baron, Mike, 107
Beats da história, 24
Bendis, Alisa, 175, 176-82
Bloqueio de escritor, 199-200, 202
Bond, Shelly, 111
Brevoort, Tom, 137-38, 141, 143, 145

PÁGINA DA ESQUERDA
Desenho de Sara Pichelli

Brubaker, Ed, 8, 64-65, 68-71
Buscema, John, 1
Buscema, Sal, 69
Byrne, John, 3

C

Caçador, O, 107
Capitão América, 68-70
Carey, Mike, 108
Cavaleiro da Lua, 111
Cebulski, C. B., 156, 158-61
Chadwick, Paul, 155
Children's Crusade, The, 99
Coescrever, 64
Colaboração
    dicas para, 75-77, 80-81, 83-85
    melhores experiências de, 105-11
    piores experiências de, 111-17, 168
Coloristas, 44-45
Comentários
    do editor, 27, 141-142
Comunicação, importância da, 76
Concreto, 155
Confidencialidade, 182
Contatos imediatos do terceiro grau, 114
Conteúdo e forma do trabalho, 183
Contratos
    como escrever com perfeição, 181
    importância dos, 178, 180
    partes dos, 178-80, 182-85
Créditos, 183
Cronogramas, 183
Cumprimento de prazos, 183
    Ver também Prazos

D

David, Peter, 68
DeConnick, Kelly Sue, 14
Demolidor, 84, 109, 119, 121, 127
Deodato Jr., Mike, 76, 90, 91-92, 96, 101, 106, 111
Desenhistas
    anotações nas margens de, 28
    como escolher, 75-76, 153
    estilos particulares de, 75-76, 85
    portfólio de, 140
    relação com, 80-81, 83-85
    respostas de, 90-117
    roteiros e, 28, 37, 73-75, 91-105, 153-54
    trabalhar com, 32, 36-37, 38, 42, 75-77
Desenhos
    criação dos, 39, 42
    mesclar roteiro e, 42

Desenvolvimento da trama, 164-65, 166, 171
Detenção dos direitos, 183
Diálogos
    exercitar, 196
    importância dos, 164
    realistas, 190-91
    reescrever, 42
Dick, Philip K., 119
Dinheiro
    escrever em busca de, 11-12, 14
    honorários por página, 178, 184
    pagamento, 184
Direitos
    fiscalização, 183
    no exterior, 185
    outras mídias, 183
    propriedade intelectual, 183
Duração e rescisão, 183
Dúvidas, 187

E

Editores
    comentários de, 27, 141-42
    como apresentar seu trabalho a, 137-41, 143-45, 151-53, 156, 158-59, 169, 171-72
    como conhecer, 153, 160, 161
    como impressionar, 143-46, 148
    como tornar-se, 159
    erros vistos por, 137-42, 148, 154
    formação dos, 159
    papel dos, 74, 155, 156
    respostas de, 137-49
    trabalhar com, 141-42, 155, 168
Eisner, Will, 6, 7, 121, 151
Eliopoulos, Chris, 62
Englehart, Steve, 69
Enviar trabalhos
    dicas para, 151-54, 158-61
    erros em, 137-41, 154, 158
    qualidade técnica ao, 158-59
    regras para, 151
Erros comuns, 101-5, 133, 137-42, 148, 154, 158, 164, 177
Esboços da trama, 22, 24
Escopo do trabalho, 183
Escrita
    co, 64
    dicas para, 163-72, 187-91
    em busca de fama e dinheiro, 11-12, 14
    estilos particulares de, 8
    exercícios de, 187-97
    frequência de, 201-2
    honestidade e, 15-17, 166
    medo e, 200-201
    mesclar desenho e, 42
    motivações para, 11-12, 14-17
    pesquisa e, 165, 171
    pregação, 167-68
    re, 27, 42, 171
    Ver também Roteiros
Estilo Marvel, 28, 32, 51, 53-55, 58, 95-100
Evanier, Mark, 71
Exemplares de cortesia, 183
Exercícios de história, 194

F

Fabulosos Vingadores, 108
Fama, escrever em busca de, 11-12, 14
Felicidade, busca da, 4
Felina, 107
Final Draft, 37
Finals, 107
Fracasso
    importância do, ix-xiii
    medo do, 200-201
Fraction, Matt, 8, 51-62, 64
Funcionários vs. prestadores de serviço, 180

G

Gabriel, Peter, 14
Gaiman, Neil, 73, 99, 107
Ganchos, 197
Garantias e indenizações, 183
Gavião Arqueiro, 51-62
Golden, Michael, 130
Goodwin, Archie, 70, 107

H

Hollingsworth, Matt, 58, 61
Homem-Aranha Ultimate, 7, 42, 45, 83, 85, 90, 91, 106, 107, 189
Homens-Aranha, 37-38, 45
Hora da magia, A, 108, 115
Hughes, Adam, 90, 95, 100, 104-5, 109-110, 116
Humphries, Sam, 145-146

I

Immonen, Kathryn, 107
Independente, publicação, 169-70, 178-80
Irving, Frazer, 90, 92, 97, 101, 106, 112-13

J

Janson, Klaus, 90, 94, 99-100, 104, 109, 115-16
Juiz Dredd, 92

K

Kabuki, 119, 128
Kane, Gil, 2, 6
Kelly, Joe, 115
Kim, Chuck, 108

L

LaFuente, David, 90, 93, 97-98, 103-4, 107, 116
Lee, Stan, 1, 28, 51, 54, 197
Letreiramento, 42-45
Loeb, Jeph, 108, 115
Lowe, Nick, 137, 138, 141-42, 143, 145-46, 148

M

Mack, David, 109, 119-22, 124, 126, 127-29
Maleev, Alex, 83-84, 119, 122, 124, 126-27, 129
Margens, anotações nas, 28
Marquez, David, 91, 94, 98-99, 102-3, 107-108, 113-14
McCloud, Scott, 6
McFarlane, Todd, 68, 83-84
McKean, Dave, 6
McKee, Robert, 8
Medo, 200-201
Miller, Frank, 1, 2, 69, 121
Moench, Doug, 111
Moore, Alan, 3, 70
Morte, 99

N

Necronauts, The, 106
Negativas, lidar com, x-xi, 130, 154
Negócios, orientações em, 175-82, 185
Nexus, 130
Novos Guerreiros, 106
Novos Mutantes, 130
Novos Vingadores, 76-77

O

Oeming, Michael Avon, 130, 133, 135
Originalidade, 70-71

P

Pagamentos, 184
Pérez, George, 1, 3, 6
Personagens
    criação de, 164-65, 166, 167-68, 189-90
    pesquisa de, 171
Pesquisa, 165, 171
Pfeifer, Will, 107
Pichelli, Sara, 38, 39, 45, 91, 95, 100, 105, 110
Ponsor, Justin, 45
Powers, 130
Prazos
    cumprir, 146, 148
    perder, 142, 148
Prerrogativa de tomada de decisões, 184
Prestação de serviço, 22, 184
Prestadores de serviço vs. funcionários, 180
Processo criativo
    exemplos de, 51-58, 60-62, 119-21
    primeiro passo: proposta escrita e esboço da trama, 22, 24, 27
    quarto passo: a mescla roteiro e desenho, 42
    quinto passo: o letreiramento, 42-43
    segundo passo: o roteiro, 27-28, 32, 36-38
    sexto passo: a cor, 44-45
    terceiro passo: o desenho, 38-39, 42
Produto, definição do, 183
Proposta escrita, 22, 24, 140

Q

Quesada, Joe, ix-xiii, 54

R

Reescrever, 27, 42, 171
Remender, Rick, 108
Remuneração por página, 184
Rennie, Gordon, 106
Resolução de disputas, 184
Responsabilidades
    em contratos, 185
    promocionais, 185
Robinson, James, 110
Rosemann, Bill, 137, 140, 142, 144, 148
Roteiristas
    de sucesso, 14-15
    motivações dos, 11-12, 14-17
    natureza de ser, 17-18, 199-200
    relação entre desenhistas e, 80-81, 83-85
Roteiro Completo, 28, 32, 36, 51-52, 95-100
Roteiros
    características dos bons, 75-76, 91-95, 127
    Completos vs. Estilo Marvel, 28, 32, 36, 51-55, 58, 95-100
    erros em, 101-5, 133, 154, 164
    escrever, 36-37
    exercícios de engenharia reversa com, 191
    formato dos, 27
    função dos, 73-75
    público dos, 73-75, 153-54
    tempo para escrever, 164
Royalties, divisão de, 183
Rucka, Greg, 64
Rude, Steve, 130

S

Sakai, Stan, 155
Salários, 184
Sam & Twitch, 83-84
Sandman, 107
Sankovitch, Lauren, 137, 140-41, 142, 145, 148
Saunders, Ben, 8
Schutz, Diana, 7, 151-55
Seagle, Steven T., 111
Shanower, Eric, 64
Sienkiewicz, Bill, 6, 91, 95, 100, 105, 110-11, 116-17
Sim, Dave, 154
Simonson, Walt, 3, 4-6, 7, 8, 91, 93, 97, 104, 107, 114
Steampunk, 115
Steranko, Jim, 69, 70
Sucesso, natureza do, 14-15
Supernovas, 108
Syndrome, 107

T

Takio, 133
Taxas sobre vendas e serviços, 185
Tempestade e Gambit, 108
Território, 185
Thompson, Jill, 91, 93, 97, 101-2, 107, 113
Totleben, John, 3-4
Twain, Mark, 167

U

Usagi Yojimbo, 155

V

Vaughan, Brian K., 69
Viradas de página, 197

W

Wacker, Steve, 61, 137, 138-39, 142, 144, 146, 148
Wagner, John, 92
Waid, Mark, 197
Wells, Zeb, 106
Wolverine e os X-Men, 99, 108

X

X-Men, 130

Y

Young, Skottie, 91, 92, 96, 106, 112

Roteiro e desenho de Brian Michael Bendis, aprox. 1981